Frank Heinrich und Uwe Heimowski (Hrsg.)

DER VERDRÄNGTE SKANDAL

Menschenhandel in Deutschland

Bibliografische Information der Deutschen Nationalbibliothek
Die Deutsche Nationalbibliothek verzeichnet diese Publikation in der Deutschen Nationalbibliografie; detaillierte bibliografische Daten sind im Internet über http://dnb.d-nb.de abrufbar.

ISBN 978-3-86506-894-1

Einbandgestaltung: Brendow Verlag, Moers
Titelfoto: Gemeinsam gegen Menschenhandel e.V.
Satz: Brendow Verlag, Moers
Druck und Bindung: DROGOWIEC-PL
Printed in Poland

www.brendow-verlag.de

Frank Heinrich und
Uwe Heimowski (Hrsg.)

DER VERDRÄNGTE SKANDAL

Menschenhandel in Deutschland

Brendow.
Verlag | Alles, was Sinn macht!

INHALT

7 Wir dürfen nicht schweigen! Gemeinsam gegen Menschenhandel – Vorwort von Frank Heinrich, MdB

15 Der lange Weg der Hoffnung – Ilana

21 Menschenhandel in Deutschland: Zahlen und Fakten

31 Nachts auf dem Straßenstrich
Unterwegs mit Alabaster Jar e.V.

35 Auf dem langen Weg zur Freiheit – Yana

40 „Manchmal kann ich einfach nicht mehr glauben, dass mein Leben auf die Reihe kommt." – Charlotte

46 Herausforderung in der Betreuung und Nachsorge

54 Die Einführung des Prostitutionsgesetzes und die Folgen

68 Gesichter der Zwangsprostitution
Unterwegs mit KARO e.V.

74 Verletzt, enttäuscht und voller Wut – Sue

79 Auf den Spuren des Menschenhandels in Rumänien und Deutschland

85 „Ich will keine Hilfe, sondern mir selbst helfen können!" – Emma

90 Methoden der Menschenhändler

102 „Ich konnte nicht länger wegschauen."
Unterwegs mit Mission Freedom e.V.

106 **William Wilberforce** – ein Leben für die Abschaffung der Sklaverei

114 **Ein Zuhause auf der Kurfürstenstraße – Zuversicht für Frauen in Not**
Unterwegs mit Neustart e.V.

118 **Opfern von Menschenhandel zu ihrem Recht verhelfen und Täter vor Gericht bringen**
Unterwegs mit International Justice Mission

124 **„Ich möchte einfach nur ein neues Leben beginnen!"** – Susanna

131 **Alles, was Recht ist? Rechtliche Defizite beim Thema Menschenhandel**

143 **Ein echtes Wundermädchen** – Frieda

146 **Loverboys: Vom Traum- zum Albtraumprinzen**

154 **Informieren, motivieren, aktivieren**
Unterwegs mit Freethem e.V.

158 **Was Du gegen Menschenhandel tun kannst!**

VORWORT

Wir dürfen nicht schweigen! Gemeinsam gegen Menschenhandel

„Der Spiegel" griff in seiner Ausgabe 22/2013 tief in die Kiste des Boulevard-Journalismus. Reißerisch titelte das Magazin: „Bordell Deutschland".

Es war ein Volltreffer. Denn damit gelang, was lange überfällig war: Die Ausmaße des Menschenhandels, eines weitgehend verschwiegenen Skandals in der Mitte unserer Gesellschaft, wurden öffentlich wahrgenommen. Andere Medien sprangen auf den nun rollenden Zug: Fernsehfilme und Reportagen entstanden. Die gesellschaftliche Debatte nahm an Fahrt auf.

Hatten viele Menschen bei den Themen Zwangsprostitution oder Arbeitssklaverei viele Jahre nur an die Situation in Asien oder Osteuropa gedacht, an schmierige Bordelle, grenznahe Straßenstrichs oder halbdunkle Kellerräume, so stand einem breiten Publikum nun deutlich vor Augen: Deutschland ist zur Drehscheibe für Menschenhandel geworden.

Der rasante weltweite Anstieg von Menschenhandel, bei dem schon Kinder als Arbeitssklaven oder Zwangsprostituierte verkauft werden, ist eines der schlimmsten Verbrechen des 21. Jahrhunderts. Die Entrüstung darüber ist auch beim sogenannten „Otto-Normal-Verbraucher" groß. Doch nur Insidern war bis zu jenem Artikel vom „Bordell Deutschland" klar: Dieses Verbrechen geschieht vor unserer eigenen Haustür. Europa hat sich zum größten Marktplatz von Sklaven, insbesondere von Sexsklaven, entwickelt. Und mittendrin: Deutschland.

Im April 2013 veröffentlichte das Statistische Amt der Europäischen Union, Eurostat, eine Studie zum Thema Menschenhandel. Darin wird diese traurige Tatsache mit Zahlen unterlegt: Die Zahl der erfassten Opfer war von 2008 bis 2010 um 18 Prozent gewachsen.
„Es ist schwer vorstellbar, dass in unserer freien und demokratischen EU Zehntausende Menschen ihrer Freiheit beraubt, ausgebeutet und wie Waren zu Profitzwecken gehandelt werden können. Aber es ist die traurige Wahrheit. Der Menschenhandel gehört zum Alltag und rückt uns näher, als wir denken“, sagte Cecilia Malmström, EU-Kommissarin für Inneres.
Erschütternd dabei: Die deutlich gestiegene Zahl der Opfer ging mit einer gesunkenen Zahl an Strafverfolgungen einher, weil viele Opfer nicht den Mut fanden, als Zeugen auszusagen, oder weil gesetzliche Grundlagen und personelle Ressourcen fehlen.

Eine absurde Situation ist entstanden.
In den westlichen Gesellschaften leben wir in Freiheit. Unsere Rechte werden durch Verfassungen und Gesetze geschützt. Wir stehen in der Tradition großer Vorbilder, die für die Abschaffung der Sklaverei gekämpft haben. Um einige Beispiele zu nennen:
William Wilberforce, der nach jahrelangem Kampf 1807 im britischen Parlament die Abschaffung des Sklavenhandels durchsetzte.
Abraham Lincoln, der im Amerikanischen Bürgerkrieg für die Freiheit der Sklaven kämpfte und am 1. Januar 1863 die „Emanzipations-Proklamation“ unterzeichnete, nach der alle Menschen, die als Sklaven gehalten werden, „fortan und für immer frei sein sollen“.

Und natürlich **Martin Luther King**, der seinen Kampf für die Gleichberechtigung der Schwarzen noch 1968 mit dem Leben bezahlte.
Die legale Sklaverei ist lange überwunden. In den meisten Staaten auf unserem Globus ist Sklaverei offiziell gesetzlich verboten.

Doch gleichzeitig blüht der illegale Sklavenmarkt. Kriminelle Banden machen brutale, aber lukrative Geschäfte in Milliardenhöhe. Die Internationale Arbeitsagentur ILO beziffert den Umsatz mit Arbeitssklaven auf 150 Milliarden US-Dollar. Menschenhandel ist neben Drogen- und Waffenhandel das größte Betätigungsfeld der Organisierten Kriminalität geworden. Die Statistiken steigen auf nie dagewesene „Rekordzahlen“. 23.632 Opfer von Menschenhandel hatte der erwähnte Eurostat-Bericht 2010 alleine in der Europäischen Union erfasst – und

dabei ist das Dunkelfeld überhaupt nicht berücksichtigt. So überrascht es nicht, dass die ILO die Zahl der modernen Sklaven weltweit auf insgesamt über zwanzig Millionen schätzt, und der Global Slavery Index 2016 sogar von 45,8 Millionen Sklaven weltweit spricht.

Eine Million, das sind tausend mal tausend – und dahinter steht jeweils ein einzelnes Schicksal. Ein Mensch, ein Geschöpf Gottes.

Vor allem Mädchen und Frauen werden tagtäglich wie Vieh verkauft und behandelt. Verängstigt müssen sie sich in ihr Schicksal beugen und oft ohne Lohn 16 Stunden täglich ihren „Herren" gefügig sein. Sie werden ausgebeutet, geschlagen, missbraucht.

Dazu dürfen wir nicht schweigen!

Schon bevor der „Spiegel“ das Thema entdeckte und die Öffentlichkeit aufmerksam wurde, gab es Menschen, die diesen Skandal nicht hinnehmen wollten. Frauenrechtlerinnen wie die Journalistin Alice Schwarzer mit ihrer scharfen und pointierten Berichterstattung, oder die katholische Ordensfrau Lea Ackermann, die seit 30 Jahren mit ihrem in Kenia gegründeten Verein Solwodi auch in Deutschland aktiv ist.

Der Verein „Gemeinsam gegen Menschenhandel“ (GGMH) wurde als Bündnis gegründet, um verschiedene Initiativen in Deutschland und Europa zu vernetzen und damit in ihrem Kampf gegen Zwangsprostitution zu unterstützen.

Jedes der Mitglieder hat eine eigene Geschichte, die zu seinem Engagement geführt hat. Bei mir persönlich ist es eng mit der Heilsarmee verknüpft. Zwölf Jahre arbeitete ich als Offizier in dieser „Armee Gottes“.
In der Heilsarmee ist Menschenhandel ein Schwerpunktthema. William Booth, der Gründer, und sein Sohn Bramwell hatten bereits 1885 gemeinsam mit dem Journalisten William Stead eine erfolgreiche Presse-Kampagne („The Maiden Tribut“) lanciert, in deren Folge das Mindestalter von Prostituierten in Großbritannien von 13 auf 16 Jahre heraufgesetzt wurde.
Als ich 2009 in den Deutschen Bundestag gewählt wurde, hatte ich mir das Thema ebenfalls ganz oben auf die Agenda geschrieben.

In Thorsten Riewesell, dem Gründer von „jumpers“ (Jugend mit Perspektive e.V.), fand ich einen Mitstreiter. Wir luden

zunächst einige uns bekannte Initiativen und Vereine, die mit Opfern von Menschenhandel arbeiten, zu einem Erfahrungsaustausch ein. Aus diesem ersten Treffen wurden regelmäßige Runde Tische, und ein Bündnis entstand: „Gemeinsam gegen Menschenhandel" (GGMH), das sich 2013 als eingetragener Verein konstituierte. Seitdem ist die Zahl der Mitglieder und Partner kontinuierlich gewachsen. Das Bündnis ersetzt dabei nicht die Arbeit der einzelnen Mitglieder, sondern unterstützt und ***ergänzt*** diese.

GGMH verfolgt vier Ziele:

1. Öffentlichkeitsarbeit: Den Skandal Menschenhandel, insbesondere in der Form der Zwangsprostitution, durch Kampagnen und Publikationen sichtbar machen.
2. Prävention: Aufklärung in Herkunftsländern und Deutschland.
3. Opferhilfe und Opferschutz: Durch Unterstützung und Vernetzung der Mitglieds-Organisationen, die sich um Opfer kümmern.
4. Verbesserung der juristischen Rahmenbedingungen: Unterstützung von Maßnahmen, die die strafrechtliche Verfolgung von Menschenhändlern sowie Opferschutz und -entschädigung verbessern. Hierzu gehören auch politische Forderungen und Initiativen.

GGMH hat drei Magazine herausgebracht, in denen wir über Menschenhandel informieren. Im politischen Bereich haben wir Briefkampagnen initiiert. Viele Bürgerinnen und Bürger haben das genutzt, um die Abgeordneten ihres Wahlkreises auf das Problem der Zwangsprostitution aufmerksam zu machen. Ein wesentlicher Bestandteil der Arbeit des Vereins sind Veranstaltungen und Netzwerktreffen.

Mit diesem Buch bietet sich die Gelegenheit, das Thema „Menschenhandel in Deutschland“ noch breiter bekannt zu machen und zugleich die Arbeit von GGMH vorzustellen. Unser Dank gilt dem Brendow Verlag und Herrn Nicolas Koch für die Initiative zu diesem Buch.

In einigen Grundsatzartikeln werden das Ausmaß und die gesellschaftlichen Rahmenbedingungen von Menschenhandel dargestellt. Daneben kommen Betroffene zu Wort: Ihre Schicksale werden erzählt, anonym – aber erschütternd offen. Und dann stellen einige Mitglieder beispielhaft ihre Arbeit vor. Sei es als Streetworker mit einer Thermoskanne direkt auf der Straße, als Seelsorger mit einem offenen Ohr in einem Café, als Sozialpädagoge in einer Schutzwohnung – sie alle sind „Anwälte“ für die Rechte der misshandelten und missbrauchten Frauen.

Sie alle haben sich entschieden, nicht zu schweigen, sondern etwas gegen Menschenhandel zu tun.
Damit die Opfer nicht länger Opfer bleiben, sondern ihre Würde wiederentdecken: Als von Gott geschaffene Persönlichkeiten.

Als Christ bin ich überzeugt: *„Zur Freiheit hat uns Christus befreit.“* (Galater 6,1)

Frank Heinrich, MdB

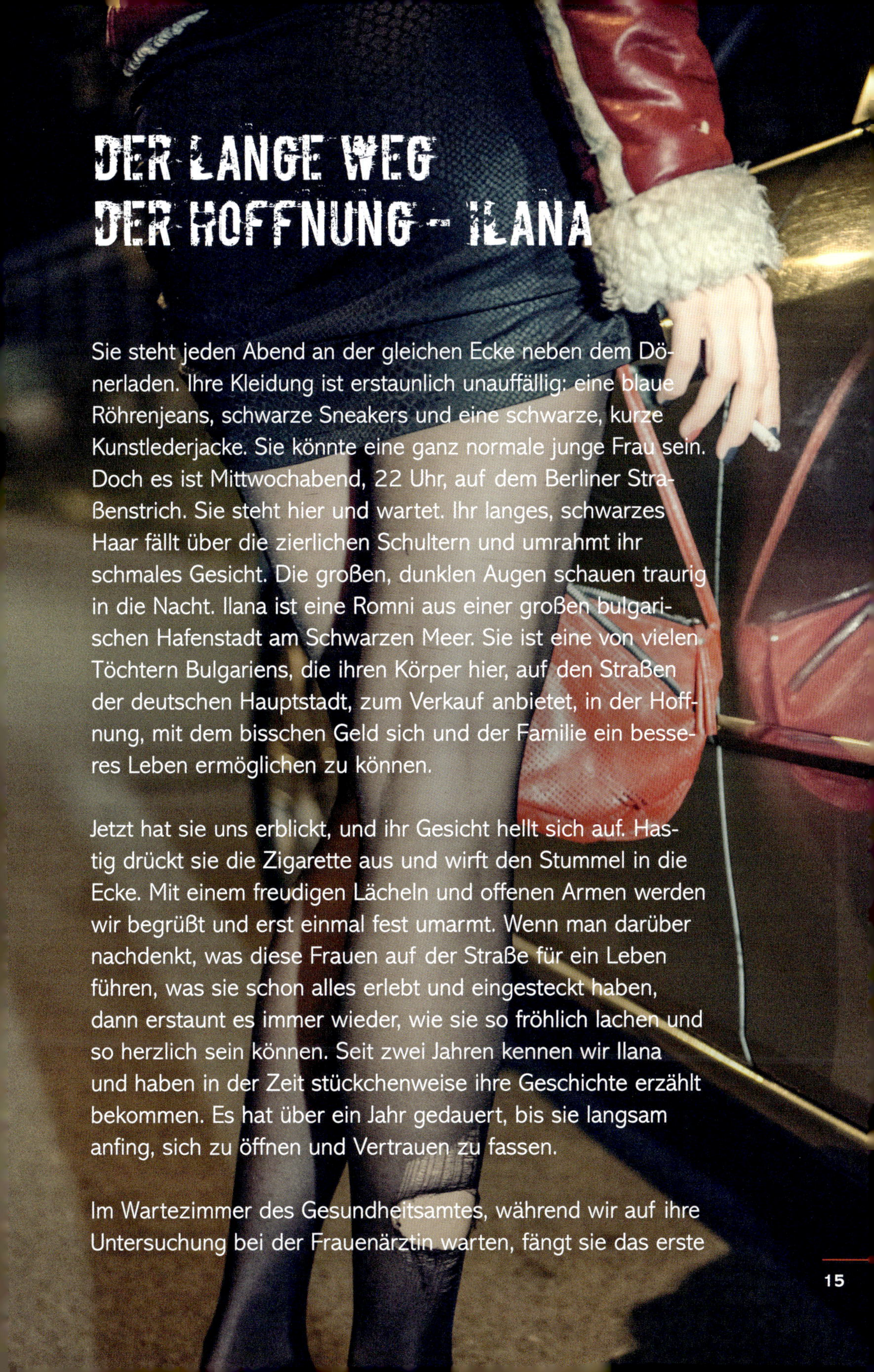

DER LANGE WEG DER HOFFNUNG – ILANA

Sie steht jeden Abend an der gleichen Ecke neben dem Dönerladen. Ihre Kleidung ist erstaunlich unauffällig: eine blaue Röhrenjeans, schwarze Sneakers und eine schwarze, kurze Kunstlederjacke. Sie könnte eine ganz normale junge Frau sein. Doch es ist Mittwochabend, 22 Uhr, auf dem Berliner Straßenstrich. Sie steht hier und wartet. Ihr langes, schwarzes Haar fällt über die zierlichen Schultern und umrahmt ihr schmales Gesicht. Die großen, dunklen Augen schauen traurig in die Nacht. Ilana ist eine Romni aus einer großen bulgarischen Hafenstadt am Schwarzen Meer. Sie ist eine von vielen Töchtern Bulgariens, die ihren Körper hier, auf den Straßen der deutschen Hauptstadt, zum Verkauf anbietet, in der Hoffnung, mit dem bisschen Geld sich und der Familie ein besseres Leben ermöglichen zu können.

Jetzt hat sie uns erblickt, und ihr Gesicht hellt sich auf. Hastig drückt sie die Zigarette aus und wirft den Stummel in die Ecke. Mit einem freudigen Lächeln und offenen Armen werden wir begrüßt und erst einmal fest umarmt. Wenn man darüber nachdenkt, was diese Frauen auf der Straße für ein Leben führen, was sie schon alles erlebt und eingesteckt haben, dann erstaunt es immer wieder, wie sie so fröhlich lachen und so herzlich sein können. Seit zwei Jahren kennen wir Ilana und haben in der Zeit stückchenweise ihre Geschichte erzählt bekommen. Es hat über ein Jahr gedauert, bis sie langsam anfing, sich zu öffnen und Vertrauen zu fassen.

Im Wartezimmer des Gesundheitsamtes, während wir auf ihre Untersuchung bei der Frauenärztin warten, fängt sie das erste

Mal an zu erzählen. Da sei was nicht in Ordnung in ihrem Bauch, in ihrer Gebärmutter. Vor zwei Jahren hätte sie eine Abtreibung gehabt. Sie sei dafür in Polen gewesen, und es sei nicht ordentlich gemacht worden. Jetzt hätte sie Angst, dass sie deswegen keine Kinder bekommen könne. Dabei ist alles, was sie sich wünscht, ein normales Leben: ein normaler Job, eine normale Beziehung und irgendwann Kinder.
Die Angst vor Krankheiten, die Angst, dass ihr Job alles kaputtmachen könnte, steht ihr ins Gesicht geschrieben. Immer wieder greift sie nervös nach meiner Hand und drückt sie ängstlich. Sie will raus: raus aus der Prostitution, raus aus dem Leben, das sie führt und das sie kaputtmacht.
Die Ärztin kann nichts Schwerwiegendes finden, und doch halte ich am Ende eine bitter weinende Ilana in den Armen. Sie ist erschöpft und sieht keinen Weg aus ihrer Situation heraus. Von dem Tag an dürfen wir sie an der Hand nehmen und ihr Schritt für Schritt zeigen, dass es eine Zukunft für sie geben kann.

Einige Tage später, im Wartesaal des Jobcenters, erzählt sie weiter. Sie erzählt von ihrem Vater, der trinkt und ihre Mutter schlägt und misshandelt.
„Er ist ein Idiot", meint sie in klarem Deutsch.

Als Mädchen war ihr die Schule vom Vater verwehrt geblieben. Erst mit 14 besuchte sie für zwei Jahre eine Internatsschule. Sie würde so gerne zur Schule gehen und richtig Deutsch lernen, erzählt sie mir mit strahlenden Augen. Schlau ist sie auf jeden Fall, denn ihr Deutsch, welches sie in den zwei Jahren auf der Straße gelernt hat, ist fließend und gut verständlich. Wo ihr Vater heute ist, wurde nicht klar aus ihrer Erzählung. Die Mutter kämpft alleine um ihr Überleben und das von den drei Brüdern. Von ihrem mageren Verdienst auf der Straße schickt sie so viel wie möglich an die Mutter in Bulgarien. Diese weiß offiziell nicht, was ihre Tochter in Deutschland genau macht.

Sie würde so gerne zur Schule gehen und richtig Deutsch lernen.

Als Ilana ungefähr 18 war, verkaufte sie ihr Onkel als Frau an einen deutlich älteren Mann. Dieser reichte sie seinem Sohn Milo weiter. An dieser Stelle wird ihre Erzählung sehr hastig und undeutlich. Ich verstehe nur noch brockenweise, was in den Jahren nach dem Internat alles geschah. Klar ist, dass sehr viel Gewalt im Spiel war. Sie wurde gegen ihren Willen in diese Beziehung gezwungen und gegen ihren Willen in die Prostitution geschickt. Irgendwann kam sie zusammen mit Milo nach Deutschland. Er scheint ihr in diesen Jahren Schutz geboten zu haben, und sie fühlte sich ihm gegenüber verpflichtet. Er ist nicht gewalttätig. Jedoch spricht er im Vergleich zu ihr nach drei Jahren kaum drei Worte Deutsch und hat auch nie hier gearbeitet, sondern profitiert von ihrem Einkommen. Zusammen wohnen sie in einem Hotelzimmer, das ihnen von einem türkischen Bekannten für den „Freundschaftspreis“ von 50 € die Nacht vermietet wird. Dieses Geld muss Ilana jeden Abend erst mal anschaffen. „Das macht mich kaputt“, stammelt sie immer wieder.

Wir tun, was wir können, um ihr auf dem Weg in ein anderes Leben beizustehen und zu helfen. Nacht für Nacht steht sie aber wieder auf der Straße, um das Geld zu verdienen. Sie versucht sich als Zimmermädchen im Hotel, doch ihr zierlicher Körper ist zu schwach für die anstrengende Arbeit. Später finden wir einen Restaurantbesitzer, der ihr eine Chance geben will und sie aufnimmt. Sie blüht auf und freut sich wie ein Kind über den „normalen" Job als Küchenhilfe. „Ich habe Kartoffeln geschält und geschnitten", erzählt sie begeistert. Doch die Schwierigkeiten dauern an. Milo ist immer noch da, und sie verliert langsam das Vertrauen in ihn. Sie kriegt das Geld für das Hotel nicht mehr zusammen und beginnt sich zu verschulden. Und dann wird sie auch noch krank. Wochenlang hustet sie, ist geschwächt und macht trotzdem weiter. Immer wieder steht sie nachts auf der Straße, weil das Geld fehlt. Wir erzählen ihr vom Frauenhaus, doch sie kann sich nicht dazu durchringen. Sie ist gefangen, fühlt sich verpflichtet, für ihre Familie zu sorgen.

Auch wenn sie langsam anfängt zu verstehen, dass Milo es nicht gut mit ihr meint, findet sie nicht den Mut, ihn zu verlassen. Wir bereiten uns ein zweites Mal darauf vor, sie ins Frauenhaus zu bringen. Stattdessen steigt sie mit ihm in den Bus nach Bulgarien. Seit sechs Jahren hat sie ihre Familie nicht mehr gesehen. Wann und ob sie zurückkommt, wissen wir nicht.

Bei der letzten Begegnung auf der Straße erzählt sie uns, dass sie immer wieder an uns denkt und an all das, was wir ihr erzählt haben. Zwei Jahre lang sind wir ihr immer wieder in Liebe begegnet und haben Wahrheit in ihr Leben gesprochen. Und Ilana hat die Wahrheit erkannt. Sie hat verstanden, dass Gott mit ihr ist und sie beschützt. Sie sieht uns als Gottes Boten, um ihr zu zeigen, dass es mehr im Leben gibt. Ob sie irgendwann den letzten Schritt wagt in ein ungewisses Leben in Freiheit?

Andrea Kern / Alabaster Jar

MENSCHENHANDEL IN DEUTSCHLAND: ZAHLEN UND FAKTEN

„Und wenn es deine Schwester wäre?" Diese provozierende Frage steht auf dem Info-Flyer von „Gemeinsam gegen Menschenhandel". Absurd? Weit weg? Ist Menschenhandel ein Problem nur in Asien oder Osteuropa? Das war einmal.

Die bittere Realität ist: Menschenhandel geschieht mitten in unserer Gesellschaft. Und das ist nicht nur die subjektiv gefärbte Meinung einiger Sozialarbeiterinnen aus dem Rotlicht-Milieu. Längst bestätigen mehrere seriöse Studien: „Deutschland ist ein Herkunfts-, Transit- und Zielland für Menschenhandel mit Frauen, Kindern und Männern zum Zwecke der sexuellen Ausbeutung." (TIP-Report: Bericht des US Department of State über „Trafficking in Persons", 2014).

Und wenn nun Deutschland eine solche „Drehscheibe des Menschenhandels" geworden ist, wie verschiedene Journalisten es bezeichnen, dann muss es uns etwas angehen.

Der TIP-Report liefert Daten. Bei diesen Zahlen wird allerdings ein großes Dilemma deutlich: Zwischen identifizierten und tatsächlichen Opfern besteht eine erhebliche Lücke: Obwohl weltweit „nur" etwa 46.000 Opfer von Menschenhandel im Jahr 2012 offiziell identifiziert wurden, schätzt der Global Slavery Index, dass 2016 insgesamt 46 Millionen Menschen als Sklaven leben (Arbeitssklaven und Zwangsprostituierte). Die Europäische Kommission stellt fest: 80 Prozent von ihnen sind Mädchen, 20 Prozent Kinder.

Auch wenn die tatsächliche Opferzahl nur geschätzt werden kann, wird deutlich: Beim Thema Menschenhandel geht es nicht um eine gesellschaftliche Randerscheinung, sondern um ein gravierendes globales, europäisches – und deutsches! – Problem. 46 Millionen Menschen weltweit müssen ihr Dasein als Sklaven fristen, das entspricht ziemlich genau der Einwohnerzahl von Kenia oder der Zahl aller Australier und Rumänen zusammengenommen.

Woran liegt es dann aber, dass nur ein Bruchteil der „Fälle" offiziell registriert sind, und es kaum möglich ist, valide und verlässliche Daten über die tatsächlichen Opferzahlen zu bekommen?

1. Es gibt kaum einheitliche globale Daten

Das Online-Magazin Menschenhandelheute.net schreibt dazu: „Es gibt keine globale Datenbank, die Daten aus erster Hand sammelt. [...] Zwar haben inzwischen die Mehrheit der Staaten ein Gesetz gegen Menschenhandel, aber [...] ein Fall, der in einem Land in der Statistik landet, fällt in einem anderen Land raus – weil die Gesetze und Definitionen anders sind. [...] Die Daten, die wir aus zweiter Hand von verschiedenen Akteuren bekommen, sind also nicht vergleichbar, sodass eine saubere globale Statistik fast unmöglich ist – wir können nicht sicher sein, dass alle Statistiken das gleiche Phänomen erfasst haben. Wir haben also höchstens Daten von einzelnen Staaten und Organisationen." Ein Beispiel: In Deutschland sind Frauenhäuser Anlaufstelle für Opfer häuslicher Gewalt. In Rumänien dagegen für jede Frau in Not. Auch Opfer von Menschenhandel kommen dort unter, ohne dies explizit angeben zu müssen. Sie werden also nicht erfasst.

Aber immerhin, es besteht Hoffnung: Mit dem Global Slavery Index der von Andrew Forrest mitbegründeten australischen Menschenrechtsorganisation Walk Free Foundation gibt es seit einigen Jahren eine zunehmend aussagekräftige Datenbasis. Für die aktuelle Studie 2016 (die dritte ihrer Art) wurden Daten aus 167 Ländern berücksichtigt, die Kriterien werden zunehmend international vereinheitlicht.

2. Menschenhandel ist ein florierendes Geschäft

Schätzungen der International Labor Organisation gehen von einem weltweiten Umsatz durch Menschenhandel aus, der zwischen 30 und 150 Milliarden US-Dollar jährlich liegt. Tendenz steigend. Etwa Zweidrittel davon werden durch Sexsklaven erzielt.

Dass die Zahlen nicht übertrieben sind, zeigt ein Blick auf Deutschland. Das Statistische Bundesamt schätzt, dass mit Prostitution in Deutschland jährlich 14,6 Milliarden Euro umgesetzt werden. Durch ein einziges Opfer in der Prostitution kann in Deutschland nach Angaben des BKA jährlich ein Gewinn von 35.000 bis 100.000 Euro erzielt werden. Ein erheblicher Teil des Umsatzes wird durch Zwangsprostitution generiert. Viele Experten rechnen mit einem Anteil von deutlich über 50 Prozent, Christian Zabel, Leiter Organisierte Kriminalität (OK), Landeskriminalamt Niedersachsen, spricht sogar davon, dass nach seiner Erfahrung etwa 90 Prozent der Prostituierten gezwungen werden.
Weite Teile dieses „Geschäftes" befinden sich in den Händen der OK oder geschlossener Familienclans. Und natürlich haben die Mafia und die Clans ein Interesse daran, das sogenannte „Graufeld" schwer zugänglich und unübersichtlich zu halten. Dabei sind alle Mittel recht. Den Opfern, die vom

Ausland nach Deutschland geschmuggelt werden, werden die Pässe entzogen, sie bekommen keine Möglichkeit, die Sprache zu lernen. Häufige Ortswechsel erschweren die Registrierung. Mit Bedrohungen und tatsächlicher Gewalt werden Opfer und Mittelsmänner eingeschüchtert. Korruption auf allen Ebenen ist an der Tagesordnung.
Zugleich werden schillernde Lobbyistinnen in Talkshows geschickt, um ein glänzendes Bild des Prostitutionsgewerbes zu malen, in welchem die meisten Frauen aus freien Stücken den Beruf der Sexarbeiterin wählen. Die Realität sieht anders aus: Zwang, Gewalt und Missbrauch herrschen vor, Frauen werden auf brutale Weise ausgebeutet.

3. Menschenhandel ist weitestgehend unsichtbar

Dazu noch einmal Menschenhandelheute.net: „Die Opfer und Überlebenden von Menschenhandel sind in der Gesellschaft und in der Öffentlichkeit nicht sichtbar, sie gehören zur sogenannten ‚versteckten Bevölkerung' (hidden population). Die ‚Unsichtbarkeit' gehört schon fast zur Definition von Menschenhandel. ‚Versteckte Bevölkerungen' sind meistens stigmatisiert und/oder illegalisiert (z.B. Prostituierte und undokumentierte Migrant/innen). Um sich selbst zu schützen und weil sie den Behörden nicht vertrauen, werden sie auch nicht mit den Behörden kooperieren oder ohne weiteres sich auf Gespräche mit SozialarbeiterInnen oder ForscherInnen einlassen. Selbst wenn sie Opfer von Menschenhandel sind, [...] wenden sich Menschen aus diesen Gruppen aus Angst und Misstrauen eher nicht an die Polizei oder andere Institutionen."

Betroffene von Menschenhandel sind außerdem oft in einer Doppelrolle. Sie werden normalerweise als Beschuldigte (illegaler Aufenthalt bzw. keine Arbeitserlaubnis) und zugleich als potenzielle Zeugen vor Gericht vernommen. Menschenhandelsopfer haben das Recht auf eine 30-tägige Duldung, während der sie überlegen können, ob sie eine Aussage machen wollen oder nicht. Selbst, wenn ein Opfer dann aussagt, ist seine Aufenthaltsgenehmigung nach Abschluss des Strafverfahrens nicht gesichert. Nach dem Prozess wird die Zeugin oder der Zeuge wieder sich selbst überlassen oder abgeschoben. Vielen Opfern ist eine Aussage daher zu unsicher.
Besonders gefährdet sind Unbegleitete minderjährige Flüchtlinge ohne familiären Schutz.

4. Unzureichende Bekämpfung

Eine Statistik kann nur aussagen, was auch tatsächlich dokumentiert wurde. Viele Polizisten, die mit dem Thema befasst sind, stellen fest, dass die finanziellen Mittel nicht ausreichen. Dazu kommen fehlende Rechtsinstrumente, um Zuhälter zu kontrollieren, Menschenhändler festzunehmen und Mafiastrukturen abzubauen.

Was lässt sich nun über die tatsächlichen Zahlen von Menschenhandel bzw. Zwangsprostitution in Deutschland sagen?

Schon bei der Anzahl der Prostituierten in Deutschland gibt es keine zuverlässige Statistik auf einer wissenschaftlichen Grundlage. Auch die Gewerbeanmeldungen bei der Bundesagentur für Arbeit (BfA) sind letztlich eine Farce. Im Jahr 2013 zählte die BfA genau 44 sozialversicherungspflichtig beschäftigte Prostituierte, darunter 4 Männer. Deutlicher kann ja kaum ausgedrückt werden, dass sich Prostitution im halblegalen oder illegalen Raum abspielt.

Eine häufig zitierte Schätzung, die auf die Berliner Prostituiertenberatungsstelle Hydra e.V. zurückgeht, spricht von bis zu 400.000 Prostituierten in Deutschland, so noch zitiert vom Bundesministerium für Familie, Senioren, Frauen und Jugend (BMFSFJ) am 10.10.2014. Aus den Reihen von Hydra selbst wird diese Zahl allerdings mittlerweile revidiert.
Die Hilfsorganisation Solwodi weist darauf hin, dass es selbst in offiziellen Dokumenten des Bundestags unterschiedliche Schätzungen gibt (Bundestagsdrucksache 11/7140, S. 5 ff.; 13/6372, S. 5 ff.; 14/4456, S. 5). Angesichts dessen müsse man von einer geschätzten Zahl von mindestens 200.000 Prostituierten in Deutschland ausgehen.
Rund 500.000 Frauen werden nach Angaben der EU jährlich in Westeuropa zur Prostitution gezwungen (United Nations Development Programme 1999).

Gemäß dem vom Bundeskriminalamt (BKA) herausgegebenen „Bundeslagebild Menschenhandel" wurden im Jahr 2010 in Deutschland 470 Ermittlungsverfahren von Menschenhandel zum Zweck der sexuellen Ausbeutung abgeschlossen. 2012 gab es 491 Ermittlungsverfahren. Im Jahr 2013 wurde bereits von 542 Opfern gesprochen. Eine deutlich steigende Tendenz.

Wenn man bedenkt, dass die „International Organization for Migration" für Deutschland in einer sehr vorsichtigen Schätzung bereits im Jahr 1998 von 10.000 bis 20.000 Menschenhandelsopfern ausging (IOM, Trafficked Migrant Women in Germany, Report 2, 1998, S. 1), dann lässt sich aus den Steigerungsraten klar ableiten, dass sich die Opferzahlen in den vergangenen 18 Jahren vervielfacht haben.

Alarmierend ist die Tatsache, dass die Opfer immer jünger werden. Mehr als die Hälfte der Opfer im Jahr 2012, nämlich 52 Prozent, waren unter 21 Jahre alt. Experten gehen davon aus, dass die meisten Mädchen, die durch Menschenhandel zur Prostitution gezwungen werden, zwischen 15 und 17 Jahre alt sind. Zwölf der ermittelten Opfer im Jahr 2012 waren Mädchen unter 14 Jahren. Zunehmend werden Kinder und Jugendliche auch in die Pornoindustrie weitergereicht.

Waren es Mitte der 1970er Jahren vor allem Frauen aus Südostasien und Lateinamerika, die nach Deutschland kamen, sind es seit den frühen 1990er Jahren überwiegend Frauen aus Osteuropa, hauptsächlich aus Bulgarien und Rumänien. Als Herkunftsstaaten der Opfer nennt das BKA 2013: Bulgarien: 26 Prozent; Rumänien: 23 Prozent und Deutschland mit 16 Prozent.

Etwas anders sieht es bei den Tätern bzw. Tatverdächtigen aus, hier besteht die Hauptgruppe aus Deutschen:

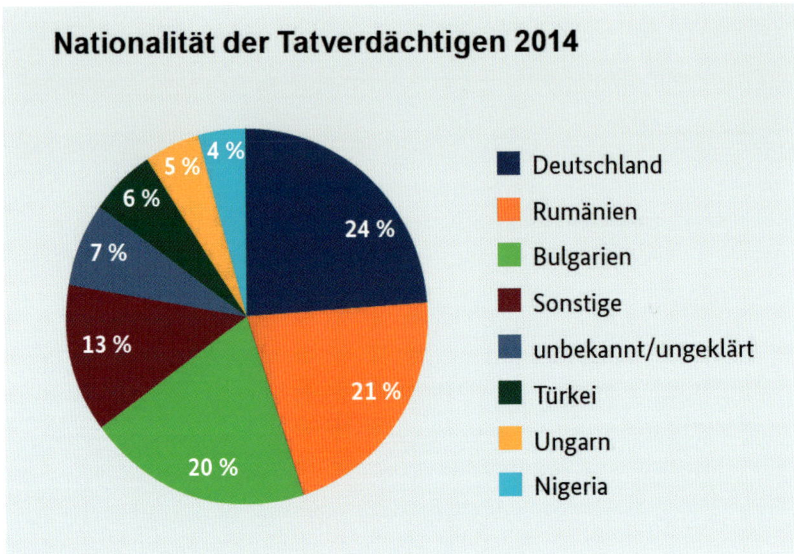

Eine wenig beachtete, aber immens wichtige Perspektive auf das Thema Menschenhandel betrifft die Nachfrage. Ohne Nachfrage kein Umsatz.

Laut einer Studie der Frauenzeitschrift „Brigitte" hatten 88 Prozent der deutschen Männer bereits mindestens ein Mal in ihrem Leben Sex mit einer Prostituierten. 47 Prozent der Männer bezahlten sogar ein Mal im Monat für Sex. Auch wenn es sich dabei keineswegs um eine wissenschaftlich fundierte, repräsentative Umfrage handelt, zeigt sie doch eine deutliche Tendenz. Die Gewerkschaft Verdi schätzt, dass täglich bis zu 1,2 Millionen Männer in Deutschland zu einer Prostituierten gehen.

Sexkauf ist nicht nur in vielen Fällen selbst bereits die Ausnutzung einer Zwangslage, es verändert auch die Ansichten der Männer. In einer Studie von 2011 hat die US-Amerikanerin Melissa Farley nachgewiesen, dass sich die Ansichten von Sexkäufern und Nicht-Sexkäufern deutlich unterscheiden („Comparing Sex Buyers with Men Who Don't Buy Sex"). Signifikante Unterschiede zeigen sich etwa bei der Aussage: „Wenn ich bezahle, muss die Prostituierte machen, was ich will". Mit diesem wachsenden Dominanzanspruch steigt auch das Gewaltpotenzial gegenüber den Prostituierten.

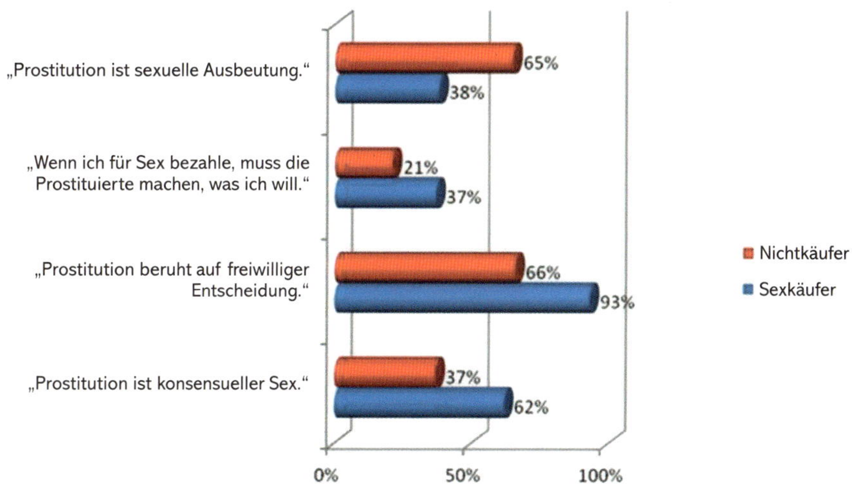

Zusammenfassend muss man sagen: Menschenhandel und Zwangsprostitution haben sich in den vergangenen Jahren nach Europa verlagert. Deutschland ist dabei zu einer Drehscheibe geworden. Menschenhandel spielt sich in Deutschland aber weiterhin zu einem erheblichen Maße im Graufeld ab. Hier wäre es wichtig, genauere Zahlen zu gewinnen. Es lässt sich dennoch ein deutlicher Anstieg feststellen, und die Opfer werden zunehmend jünger.

Christine und Uwe Heimowski

WENN ICH BEZAHLE,
MUSS DIE PROSTITUIERTE
MACHEN,
WAS ICH WILL.

NACHTS AUF DEM STRAßENSTRICH

Unterwegs mit Alabaster Jar e.V.

Alabaster Jar e.V.

Wir nähern uns der jungen Frau auf der Straße, winken ihr zu und lächeln. „Hallo, wie geht´s dir?" Sie dreht sich um und lächelt müde. „Scheiße, keine Arbeit", beklagt sie sich und verzieht dabei ihr Gesicht. Ihr Name sei Christina und sie komme aus Bulgarien. Ihr langes, pechschwarzes Haar fällt ihr über die Schultern. Der Blick aus ihren dunklen Augen wirkt leer. Sie ist höchstens Anfang 20. Sie wird die ganze Nacht hier auf der Straße stehen und das mit zehn Zentimeter hohen Bleistiftabsätzen. Es ist Mittwochabend, kurz nach neun, mitten auf dem Berliner Straßenstrich in der Kurfürstenstraße, direkt an der U-Bahn-Station.

Die Kurfürstenstraße ist schon seit den 1920er Jahren für Straßenprostitution bekannt. In den vergangenen Jahren hat sich der Strich gewandelt. Heute schaffen hier vor allem Osteuropäerinnen zu Tiefstpreisen an. Auf dem abendlichen Rundgang begegnen wir ihnen gruppenweise: erst die Ungarinnen, dann die Bulgarinnen und die Rumäninnen. In der Regel sind die Nationalitäten auf einem Straßenabschnitt nicht durchmischt.

Der Verein Alabaster Jar e.V. wurde 2006 von der Neuseeländerin Patricia Green gegründet mit dem Ziel, Frauen in der Prostitution zu begegnen und zu helfen. Seither sind wir jeden Mittwochabend mit einem Team Frauen auf dem Straßenstrich unterwegs. Wir haben Kaffee, Tee, Kondome und Schokolade dabei. Da die Frauen auf dem Strich oft sehr wenig verdienen, verteilen wir ihnen Kondome, damit sie sich wenigstens schützen können. Startpunkt für unsere

Rundgänge ist jeweils unser Café. Diese Räumlichkeiten teilen wir uns mit Neustart e.V.
So etwas wie einen normalen Einsatz-Abend gibt es für uns nicht. Jedes Mal ist anders, und wir wissen vorab nie, was uns erwartet. Auf der Straße ist immer alles in Bewegung. Manchmal finden wir eine Frau, die immer an der gleichen Stelle stand, auf einem ganz anderen Abschnitt wieder. Manchmal ist eine Frau monatelang weg, und wir wissen nicht, ob wir uns darüber freuen sollen oder nicht. Ist sie ausgestiegen? Oder zu Besuch in der Heimat? Oder in eine andere Stadt oder in ein Bordell gebracht worden?

Die Frauen sind „unsere Mädels" geworden. Wir begegnen ihnen auf Augenhöhe und investieren in Beziehungen. Das ist nicht immer einfach, weil wir sie oft in sehr unregelmäßigen Abständen sehen. Dazu kommt die Sprachbarriere: nicht selten versuchen wir uns mit Händen und Füßen zu verständigen und erreichen trotzdem nicht mehr als einen ratlosen Blick. Für solche Fälle haben wir unsere „Willkommens-Tüten" dabei. In dem kleinen farbigen Beutel befinden sich ein paar Süßigkeiten und ein Zettel, auf dem in der jeweiligen Muttersprache (es gibt sie auf rumänisch, bulgarisch etc.) zu lesen ist, wer wir sind und was wir machen. So lässt sich wenigstens hoffen, dass sie es in ihrer Sprache nachlesen kann, wenn sie uns schon nicht versteht. Viele Gespräche fangen mit gewöhnlichem Small Talk an. Erst nach einer Weile gehen sie in die Tiefe. Es kann Monate, ein Jahr oder noch länger dauern, bis eine Frau anfängt, sich uns gegenüber zu öffnen.

Im Gespräch versuchen wir immer wieder, den Frauen Leben und Hoffnung zuzusprechen. Sie erleben so viel Erniedrigung und Ablehnung. Immer wieder beobachten wir, wie ein Auto

Einsatzkörbe mit Süßigkeiten, Literatur, Broschüren und Kondomen.

Kaffe und Tee, um den Frauen durch die Nacht zu helfen.

langsamer wird, der Fahrer die Frau von oben bis unten mustert, die Nase rümpft und wieder beschleunigt. Schon wieder nicht gut genug! Das Leben dieser Frauen ist von unzähligen Lügen geprägt. Dem versuchen wir wenigstens ein bisschen entgegenzusteuern. Manchmal ist es nur ein Blick, ein Lächeln, das ihnen sagt: „Ich sehe dich als Frau und Mensch. Du bist es würdig, dass ich dich anlächle." So oft wir können, sprechen wir ihnen zu, dass sie schön und wertvoll sind. Wir machen Komplimente und ermutigen sie, an ihren Ideen und Träumen festzuhalten.

Manchmal merken wir im Gespräch, dass Fragen aufkommen, die am besten in Ruhe geklärt werden. Aus diesem Grund öffnen wir das Café am Donnerstag, also dem darauffolgenden Nachmittag. Wenn sich die Gelegenheit ergibt, begleiten wir unsere Mädels auch mal zum Arztbesuch oder aufs Amt. Am meisten freuen wir uns, wenn eine Frau den Willen äußert, auszusteigen. Dies gelingt am ehesten, wenn wir sie in ein Frauenhaus vermitteln können. Nur auf diese Weise wird ein klarer Schlussstrich gezogen, sie kommt aus ihrem Umfeld raus und kann einen echten Neustart machen. Doch der Schritt ins Frauenhaus ist für viele Frauen zu groß, zu beängstigend. Wir bleiben trotzdem dran, versuchen sie zu unterstützen, wo wir können und vor allem: Wir hören nie auf, für unsere Mädels zu beten.

Andrea Kern / Alabaster Jar

Nachts auf dem Berliner Straßenstrich: Eindrücke von der Arbeit auf der Kurfürstenstraße.

AUF DEM LANGEN WEG ZUR FREIHEIT – YANA

Eines Tages bekommt unsere Einsatzleiterin Lynette einen Anruf aus dem Café. „Yana ist in den Wehen. Wir bringen sie ins Krankenhaus." Lynette ist völlig verwirrt. „Wehen? Wie?" Seit fünf Monaten kommt Yana regelmäßig am Donnerstagnachmittag ins Café. Sie spricht wenig Deutsch, dafür aber gutes Englisch. Lynette schließt sie besonders ins Herz und baut langsam eine Beziehung zu ihr auf.
Während dieser Monate können wir beobachten, wie sie sich verändert, ihre Gesichtszüge härter werden aufgrund der Arbeit auf der Straße. Sie deutet an, dass sie aus der Prostitution aussteigen will, worauf wir ihr helfen, nach einer anderen Arbeit Ausschau zu halten. Aber niemand weiß, dass sie schwanger ist! Sie hat es mit keinem Wort erwähnt, und man hat es ihr nicht angesehen. Wir haben um eine Möglichkeit gebetet, ihr näher zu kommen, denn es schien, als sei eine Mauer um ihr Herz gebaut. Und dann kommt eine außergewöhnliche Gelegenheit, mit der wir nicht gerechnet hätten.

Lynette fährt zu ihr ins Krankenhaus und bleibt während der Wehen und der Geburt an ihrer Seite. Yana bringt einen gesunden Jungen zur Welt, den sie anschließend zur Adoption freigibt. Sie hat sich entschieden, dass sie ihm nicht das geben kann, was sie eigentlich möchte, und gibt ihn darum lieber in die Obhut einer anderen Familie. Am nächsten Tag spaziert Yana aus dem Krankenhaus, fest entschlossen, endlich ein neues Leben anzufangen.

Das war eine starke Entscheidung, aber leichter gesagt, als getan. Im Vergleich zu den meisten Frauen hat Yana keinen

Zuhälter mehr und niemanden, der sie kontrolliert. Ihren Angaben zufolge werden etwa 90 Prozent der Frauen auf der Straße von Zuhältern kontrolliert. Ihre Wohnsituation stellt allerdings eine echte Herausforderung dar: Sie wohnt zu der Zeit inoffiziell bei einem Freund zur Untermiete und muss jeweils um acht Uhr morgens aus dem Haus sein, damit es niemand mitbekommt. So steht sie am Tag, nachdem sie aus dem Krankenhaus gekommen ist, wieder auf der Straße. Es ist der einzige Ort, den sie kennt und wo sie hingehen kann. Wir holen sie am Nachmittag ins Café, damit sie sich ausruhen kann und wir mit ihr die weiteren Schritte besprechen können. An dem Tag haben wir zum ersten Mal die Möglichkeit, ihr von Jesus zu erzählen. Ihr Herz ist weicher geworden, und sie wagt es, sich uns gegenüber zu öffnen. In den darauffolgenden Wochen unterstützen wir sie, wo wir können. Wir gehen zum Beispiel mit ihr einkaufen und bezahlen ihr eine Bahnkarte. Nach anfänglichem Widerstand lässt sie sich davon überzeugen, dass es besser ist, für das Ticket zu bezahlen, als weiterhin schwarz zu fahren. Über Kontakte finden wir ein nettes Café, wo sie tagsüber sein kann und die Betreiber, ein amerikanisches Missionarsehepaar, sich liebevoll um sie kümmern.

Ihr Herz ist weicher geworden, und sie wagt es, sich uns gegenüber zu öffnen.

In den Gesprächen über die Wochen erfahren wir immer mehr von ihrer Geschichte. Yana kommt aus Bulgarien und dort aus gutbürgerlichen Verhältnissen. Ihre Eltern sind beide gebildet und arbeiten in guten Jobs. Der Vater war früher Offizier in der bulgarischen Armee. Yana selber studierte Wirtschaft an einer der renommiertesten Universitäten Bulgariens, in Sofia. Es ist keine Frage, dass sie eine äußerst intelligente und starke Frau ist. Man sollte sich nicht mit ihr anlegen, denn sie hat jahrelang Kampfsport trainiert. Yana ist allerdings auch

äußerst dickköpfig und eigenwillig. Sie bricht aus Rebellion gegen ihre Eltern ihr Studium ab und läuft weg. Die Beziehung zu den Eltern zerbricht, und bis heute hat sie keinen Kontakt mit ihnen. Kurz danach landet sie in den Fängen eines Zuhälters. Der bringt sie nach Deutschland, wo sie zu Beginn im Süden in einem Bordell arbeitet. Das war vor etwa sechs Jahren. Nach eineinhalb Jahren schafft sie es, wegzulaufen und kehrt nach Bulgarien zurück. Dort arbeitet sie in verschiedenen Clubs, bevor sie alleine nach Deutschland zurückkommt. Nachdem sie lange in Hamburg in der Prostitution arbeitet, endet sie auf den Straßen Berlins.

Nur wenige Wochen nach ihrem Ausstieg findet sie Arbeit in einem bulgarischen Café auf der Kurfürstenstraße. Das ist sicherlich nicht die beste Wahl, aber es ist ein Anfang. Leider arbeitet sie schwarz, wird bar bezahlt und ist nicht versichert. Dass sich das Café mitten auf dem Straßenstrich befindet, ist auch nicht optimal. Mit etwas Hilfe und einem eisernen Willen schafft sie es jedoch, durchzuhalten, ohne wieder in die Pros-

titution zurückzufallen. Sie bringt den Mut und die Stärke auf, den anderen Frauen zu begegnen und ihnen zu zeigen, dass ein anderes Leben möglich ist. Mit ihren ehemaligen Kolleginnen spricht sie ganz offen über ihre Entscheidung.
Nach ein paar Monaten findet sie eine reguläre Anstellung als Zimmermädchen in einem großen Hotel. Yana arbeitet hart und bewährt sich schnell. Schon nach kurzer Zeit wird ihr mehr Verantwortung übertragen, und sie kann sich hocharbeiten. Wenn andere Frauen sich ebenfalls als Zimmermädchen versuchen wollen, legt Yana gerne ein gutes Wort für sie ein. Es ist ihr ein Anliegen, dass die anderen Frauen verstehen, dass es möglich ist, auszusteigen.
Für deren Ausreden hat sie wenig übrig. Mittlerweile lebt Yana in einer Beziehung mit einem langjährigen bulgarischen Freund. Das Leben der beiden ist von vielen Hochs und Tiefs geprägt. Einmal, in einer Krisensituation, als sie dringend Geld braucht, erliegt sie der Versuchung und steht wieder auf der Straße. Sie wird von Lynette gerade noch rechtzeitig entdeckt und zurück ins Café gebracht. Wir können sie noch einmal davon überzeugen, ihre Probleme anders zu lösen.
Es ist nach wie vor ein langer Weg für Yana, aber sie kämpft sich durch, und wir kämpfen mit ihr. Wir bleiben weiter dran und freuen uns an ihren Fortschritten und an den schönen Momenten, wie ihrem 30. Geburtstag, den wir vergangenes Jahr mit ihr feiern konnten.

Andrea Kern
Alabaster Jar

ES IST IHR EIN ANLIEGEN, DASS DIE ANDEREN FRAUEN VERSTEHEN, DASS ES MÖGLICH IST, AUSZUSTEIGEN.

MANCHMAL KANN ICH EINFACH NICHT MEHR GLAUBEN, DASS MEIN LEBEN AUF DIE REIHE KOMMT – CHARLOTTE

Unterwegs mit KARO e.V.

KARO e.V. Mut. Selbstbestimmung. Leben. Der Mensch ist keine Ware!

Charlotte ist zum Zeitpunkt, als der Text verfasst wird, 24 Jahre alt. Sie wurde in eine Familie hineingeboren, in der sie mehr Gegenstand als Kind war, in ein Klima von sexuellem Missbrauch und brutalster Gewalt. Schon als Baby wurde sie von ihren Eltern missbraucht, gedemütigt und später an andere Männer weitergereicht, verkauft und zur Prostitution gezwungen. Befreien konnte sie sich erst als junge Frau. Im Schutzhaus von KARO lebte sie viele Monate. Danach kam sie in verschiedenen Kliniken und therapeutischen Einrichtungen unter. Bis heute leidet sie unter ihrer Vergangenheit. In diesem Text erzählt sie von ihrem Schicksal.*

„Zwangsprostitution gibt es überall. Sie ist unabhängig von Nationalität oder gesellschaftlichem Stand. Die Zuhälter bzw. die organisierten Verbrecher im Hintergrund verdienen massenhaft Geld damit – das spielt für sie die größte Rolle. Für viele von ihnen ist das Machtgefühl über ihre Opfer aber ein zusätzlicher Anreiz.

Egal, ob die Opfer – und viele davon noch Kinder – auf den Straßenstrich gehen müssen, in Bordellen gefangen gehalten werden oder regelmäßig aus ihren Familien oder Heimen dorthin gebracht werden: Sie leiden ihr Leben lang unter dem, was ihnen angetan wird.

*Name zum Schutz geändert

Bei mir hat die sexuelle Ausbeutung schon im Kleinkindalter begonnen. Es hat viele, viele Jahre gedauert, bis ich realisiert habe, dass das, was man mir antut, nicht normal ist, dass das Leid, das ich dabei verspürt habe, absolut normal ist.

Misshandlungen sind für Zwangsprostituierte Alltag. Die meisten werden schon sehr früh zur Einnahme von Drogen gezwungen. Dazu kommen ungeschützter Geschlechtsverkehr und die schweren körperlichen Übergriffe durch die Kunden. Nicht zu vergessen die Schläge und die Gewalt durch die Verbrecher.

Selbst wenn einem die Flucht gelingt – die schweren körperlichen Folgen trägt man ein Leben lang mit sich. Aber eine Flucht gelingt nur wenigen. Zwangsprostituierte werden streng überwacht: Zuhälter und andere Handlanger achten penibel darauf, dass niemand flieht. Klar, jedes Opfer, das den Ausstieg geschafft hat, stellt eine potenzielle Gefahr für alle

Ein Hund aus Pappmaché, gebastelt von Charlotte, und eine Collage, in der sie ihre Sehnsucht nach einem neuen Leben zum Ausdruck brachte.

Beteiligten dar: Es kennt die Täter und könnte sie anzeigen. Kein Wunder, dass diese nach einer Flucht alles versuchen, es wieder einzufangen und mundtot zu machen.

Die Folgen der Gewalt zeigen sich nicht nur körperlich, sondern auch in psychischen Problemen. Man fühlt sich ausgenutzt und minderwertig. Die meisten Menschen gucken weg und wollen mit „so einer" nichts zu tun haben. „Zwangsprostitution in Deutschland? Das kann es nicht geben", hört man öfter, oder sogar: „Die wollte es ja so."

Auch ich leide noch immer stark unter den Folgen, trotz der Therapie. Ich habe massive Panikattacken, Schlafstörungen und Traumata. Nachts verfolgen mich Albträume und tagsüber reichen kleine Auslöser, und schon kommen die Bilder der unzähligen Übergriffe wieder hoch. Es fühlt sich an, als würde man das Ganze nochmal erleben.

Die massive Angst vor verbaler und körperlicher Gewalt wird ein ständiger Begleiter. Wenn es irgendwo zu lautstarken Konflikten kommt, ergreife ich die Flucht.

Alleine das Haus zu verlassen ist für mich momentan noch undenkbar. Bis heute gibt es Drohungen durch Täter. Die Angst, dass sie mich irgendwo einfach in ein Auto zerren und entführen, ist zu massiv, als dass ich mir das zutrauen würde. Dabei vermisse ich ruhige Spaziergänge, und auch ein wenig mehr Selbstständigkeit wäre schön.

Die Möglichkeiten für die Aussteiger, Hilfe zu finden, sind sehr gering. Ich bin zurzeit auf der Suche nach einer passenden Einrichtung: einer Wohngemeinschaft, in der rund um die Uhr Betreuer sind. Wichtig wäre, dass sie sich mit meiner Thematik auskennen und entsprechende Hilfestellung geben können. Nur dann hätte ich eine Chance, den Absprung auch innerlich zu schaffen, mich zu stabilisieren und irgendwann ein normales Leben führen zu können. Doch egal, wie viel wir suchen, wir finden einfach keine Einrichtung, die sich das zutraut.

Nicht zuletzt aufgrund der mangelnden Hilfestellung erlebe ich immer wieder suizidale Phasen, Zeiten, in denen ich mich stark selbst verletze. Ich kann dann einfach nicht mehr. Meistens lande ich dann in Akutkliniken. Doch diese arbeiten viel zu sehr auf Zwangsbasis. Dort wird man an einem Bett festgebunden, was natürlich ungute Erinnerungen wachruft. Dass dadurch nichts besser wird, kann sich jeder denken.
Warum verletzte ich mich selbst? Wie soll ich das beschreiben … wenn die Bilder von früher in meinem Kopf so stark werden, dass ich denke, ich würde die Misshandlungs-Situationen erneut durchmachen, spüre ich mich selbst nicht mehr. Ich bin dann nicht in der Lage, meine Umwelt wahrzunehmen. Oft schreie und heule ich wie verrückt. Selbst finde ich da keinen Ausstieg, weil alles um mich herum so unendlich weit weg scheint. Aber wenn ich mich dann selbst verletze, spüre

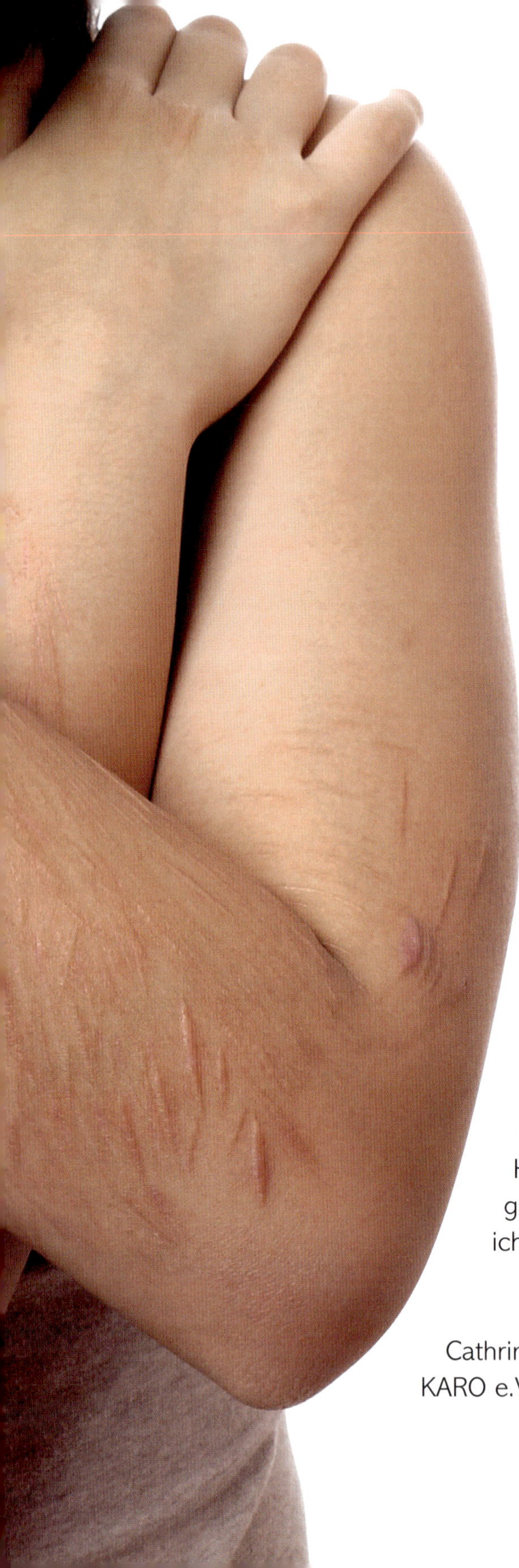

ich meinen Körper plötzlich, und das hilft, damit ich mich langsam wieder im Hier und Jetzt orientieren kann.

Manchmal, vor allem an Festtagen, an denen ich besonders viel sexuelle Gewalt erlebt habe, geht es mir so schlecht, dass ich einfach nicht mehr glauben kann, dass mein Leben irgendwann wieder auf die Reihe kommt. In solchen Momenten habe ich Suizidgedanken.

Meine Hoffnung ist, dass ich irgendwann eine Einrichtung finde, in der ich beginnen kann zu leben, und die mir dabei hilft, den Horror Schritt für Schritt hinter mir zu lassen. Vergessen kann man so etwas niemals. Aber es kann in den Hintergrund rücken und zur Vergangenheit werden. Das wünsche ich mir."

Cathrin Schauer und Anna Lüttich
KARO e.V.

ERGÄNZUNG VON KARO:

Charlotte hat es nicht geschafft. Im Januar 2016 wurde sie tot in ihrem Zimmer in einer geschlossenen psychiatrischen Station aufgefunden. Wir trauern um sie, die einen tragischen Tod gestorben ist.

Ein Blumenherz von KARO zur Beerdigung von „Charlotte“

»Was auch immer passiert ist, du bist deshalb tot, weil die anderen dir unendlich viel Leid angetan haben. Wir sind uns sicher, dass du noch unter uns wärst, würde es in Deutschland für Menschen wie dich eine angemessene Unterstützung geben.

All dein Leid, deine Traurigkeit, deine Angst und Verzweiflung hatten triftige Gründe. Du bist nicht gern von uns gegangen. Dich trifft keine Schuld. Zwischen all dem Leid war ein lebensfroher Mensch, der leben wollte. Ein Leben ohne Qualen, Erinnerungen, Schuldgefühle. Du hattest zu Lebzeiten keinen Frieden. Mögest du ihn jetzt finden. Wir werden dich immer als etwas ganz Besonderes in Erinnerung behalten und deinen Kampf für Gerechtigkeit und gegen die Täter fortsetzen.«

Wir, das Team von KARO, haben Charlotte in Würde und Stille mit diesen Worten beerdigt.

HERAUSFORDERUNG IN DER BETREUUNG UND NACHSORGE

von Frauen und Kindern, die von Zwangsprostitution und Menschenhandel betroffen sind

Martina wird von der Polizei gebracht. Die Frau sagt uns schüchtern „Hallo“, viel mehr gibt ihr Deutsch auch nicht her. Wir besprechen mit Dolmetscher und Polizei die Situation, fragen nach ihren Wünschen, erklären einfühlsam unsere Hausregeln und was nun auf sie zukommen wird. Wenn eine Frau sehr müde ist aufgrund von den Misshandlungen, dem Drogen- und/ oder Schlafentzug, der typisch ist, wenn Frauen aus Bordellwohnungen oder vom Straßenstrich geflüchtet sind, dann zeigen wir ihr schnellstmöglich ihr Zimmer. Ausgestattet mit Bad, Bett, frischer Kleidung und Nahrungsmitteln ist das erst mal wie ein kleines Paradies, eine erste Ruhepause nach langer Zeit. Ein Rückzugsort, der von manchen Frauen gerade in der Anfangsphase sehr häufig genutzt wird. Schlafen, essen, die anderen Frauen kennenlernen, Vertrauen fassen – das sind die Bedürfnisse der ersten Tage und Wochen.
Wir Sozialarbeiterinnen wiederum müssen dafür sorgen, dass regelmäßige Vernehmungen bei der Polizei stattfinden können. Dass gemeinsam eingekauft wird, zumindest wenn dies kein zu hohes Sicherheitsrisiko darstellt. Dass die Frau und vielleicht auch ihr Kind sich sicher und geborgen fühlen. Dass die notwendigen Behördengänge erledigt und wichtige Dokumente beschafft werden. Ein steiniger Weg.
Unsere Sozialarbeiterinnen begleiten sie zu Behörden, Ärzten und besorgen notwendige Ausweisdokumente. Essen, Kleidung und Hygieneartikel werden bereitgestellt. Die Frauen besitzen häufig nur das, was sie am Leib tragen. Einkäufe und andere Alltagsbesorgungen müssen, vor allem in den ersten Wochen,

begleitet und finanziert werden. Manche Frauen können aufgrund der Tatortnähe bzw. den verzweigten Strukturen des Milieus das Schutzhaus gar nicht allein verlassen. Viele haben auch zu große Angst. Nach Möglichkeit werden sie dann in andere Schutzunterkünfte vermittelt oder solange geschützt betreut, bis eine Rückführung möglich ist.

Wenn die Frauen, wie so oft, kein oder wenig Deutsch sprechen, müssen Sprachmittler herangezogen werden. Auch die arbeiten aufgrund der knappen finanziellen Mittel häufig ehrenamtlich. Die Sprachmittler engagieren sich über das Maß einer bloßen Übersetzung hinaus. Sie geben Mut, Tipps, haben Verständnis und vermitteln durch die gemeinsame Sprache und Kultur ein Gefühl von Sicherheit. Stabile Sprachmittlerinnen mit einer ähnlichen Vergangenheit sind gerade in der Anfangszeit der Betreuung Gold wert. Integrations- und Sprachkurse werden derzeit aufgrund der Bedürfnisse von Flüchtlingen kaum finanziert.

Schritt für Schritt kann so alles in die Wege geleitet werden, damit die Frauen die Chance haben, sich ein neues Leben aufzubauen. Schulden, massive psychische Probleme, mangelnde Schulabschlüsse und medizinischer Behandlungsbedarf machen es oft schwer. Martina hat insgesamt fünf Kinder, drei davon leben im Heim, sie weiß seit Jahren nicht, wie es ihnen geht. All das wird langsam bewusst und schmerzt. Lücken und Brüche in der Lebensgeschichte werden immer deutlicher.

Das vergangene Leben, die vielen seelischen und körperlichen Wunden, werden Stück für Stück realisiert. Ein schmerzhafter Prozess, für den jede Frau ihre eigene Zeit und ihren eigenen Weg braucht. Manchmal will Martina es unbedingt vermeiden und nur nach vorne sehen. Verständlich nach diesen dunklen Zeiten, die ihr ganzes Leben überschatten.
Wir wissen, dass die Vergangenheit immer wieder das neue Leben einholt und dass es viel Zeit braucht, bis sie ihre Macht verliert.
Frauen und Kinder, die schlimmste Quälereien, Isolation und sexuelle Gewalt erlebt haben, sind häufig schwer traumatisiert. Ihre Körper und ihre Seelen sind zerstört, oft mit lebenslangen Folgen. Wir spenden in Krisen und bei Rückschritten Trost, sind da und konfrontieren sie auch mit eigenen negativen Verhaltensweisen. Am Anfang ist oft viel Zeit und Ruhe zum Nachdenken wichtig. Den wenigsten Frauen würden es guttun, sofort Vollzeit arbeiten zu gehen. Auch ist dies aufgrund der Sprach- und Bildungsdefizite häufig nicht möglich in einer strukturschwachen Region wie dem Vogtland. Die Frauen wollen es zwar, aber zu klein ist häufig auch ihre Belastbarkeit nach den traumatischen Erlebnissen, welche sie durchlebt haben. Mit viel Geduld, Mut, Kraft und kleinen Schritten können sie es schaffen, ihre Ziele zu erreichen und dem „ganz normalen Leben" mit einer eigenen Wohnung, einer Arbeit und vielleicht mit ihren Kindern und einem Partner nahe zu kommen.

Martina fing erst nach sechs Monaten in der Schutzeinrichtung an, mit einer Sozialarbeiterin zu sprechen und sich wirklich zu öffnen. Drei Jahre später hat sie endlich einen Job, plant ihre Ausbildung und denkt zum ersten Mal daran, eine Woche Urlaub zu machen. Etwas, von dessen Existenz sie

erst in Deutschland nach ihrer Befreiung gehört hat. Sexuelle Partnerschaften einzugehen, Vertrauen in andere Menschen, vor allem Männer, zu entwickeln ist nach wie vor kaum möglich. Aber der Gedanke an Urlaub ist ein Meilenstein. Sich selbst etwas gönnen, sich etwas Gutes tun – das war vorher undenkbar. Weil die Mittel und Möglichkeiten fehlten, weil es nie selbst erlebt wurde und weil ihr jahrzehntelang vermittelt wurde, dass sie als Frau niemals eigennützig handeln darf. Das dieser Eigennutz eigentlich Selbstliebe ist, diese innere Erkenntnis wird sicher noch lange benötigen, aber ein erster Schritt ist getan.

Betreuung und Begleitung

Regelmäßige Nahrungsaufnahme, geregelte Tagesstrukturen, Schlafzeiten und konstruktive Freizeitbeschäftigungen sind nur ein paar Dinge, die für viele Frauen undenkbar waren in ihrer gewaltgeprägten Vergangenheit. Diese müssen völlig neu erlernt und ausprobiert werden. Das Erlernen einer Alltagsstruktur erfordert eine zeitintensive Betreuung. Diese erfordert wiederum Personal, welches häufig knapp ist.

Seelische Wunden, die sich z.B. in Misstrauen, emotionaler Verrohung und Aggressionen äußern können, machen den Neuanfang schwer. Allein, ohne Familie, Freunde und gesellschaftliche Anbindung haben die Betroffenen die ersten Mo-

nate nur die Mitarbeiterinnen und die anderen Bewohnerinnen als Ansprechpartner für ihre Sorgen und Nöte. Auch wenn wir die Frau von Herzen willkommen heißen und sie entsprechend unserer Möglichkeiten engmaschig betreuen, ist der Beginn des Lebens in Freiheit oft sehr schwierig.

Zugang zu Entschädigung und Sicherung des Lebensunterhalts oft nicht gesichert

Wenn die Frauen Anzeige bei der Polizei erstatten gegen ihre Zuhälter und/oder Menschenhändler, sind die Chancen auf den Erhalt von Lebensunterhalt durch den Sozialstaat dem Gesetz nach groß. In der Praxis gibt es in unserer Region leider dennoch enorme Streitigkeiten über Zuständigkeiten und häufig monatelang (oder sogar niemals) Unterstützung durch die entsprechenden Behörden. Fehlende Dokumente müssen zeitaufwendig durch die Sozialarbeiterinnen besorgt werden.
Oft ausschließlich erbringen wir, ein auf Spendenbasis finanzierter Verein, die Lebens- und Unterkunftskosten der Frauen. Manchmal auch die Kosten für die Rückreise ins Herkunftsland. Eine Aufgabe, die eigentlich Sache des Staates wäre. Opfer von Menschenhandel stehen mit ihrer Aussage häufig alleine

da. Ermittlungen sind mühselig, und Strafverfahren werden aufgrund von Beweismangel häufig eingestellt. Dadurch gibt es dann auch keine Anerkennung des Verbrechens, keine Opferentschädigung und keine sozialstaatlichen Leistungen. Frauen aus Drittstaaten müssen aus aufenthaltsrechtlichen Gründen nach dem Gerichtsverfahren oder nach Einstellung des Strafverfahrens das Land wieder verlassen. In ihrer Heimat stehen viele vor dem Nichts.

Betroffene, die aus Angst keine Anzeige bei der Polizei machen, haben so gut wie keine Chance auf Gewährung von sozialen Leistungen. Für diese Frauen muss in der Regel eine Perspektive im Herkunftsland gefunden werden. Wenn dies aufgrund einer Gefährdung nicht möglich ist, werden sie bei der Job- oder Ausbildungssuche in Deutschland unterstützt. Aufgrund der strukturschwachen und teilweise ausländerfeindlichen Region, in der wir arbeiten, ist dies eine große Herausforderung. Und manchmal leider unmöglich.

Vom Umgang mit den Helferinnen

Die Sozialarbeiterinnen und Helferinnen erleben neben punktuell positiven Reaktionen immer wieder einen unsensiblen, entwürdigenden Umgang mit der Problematik und den Betroffenen selbst durch diverse Behörden. Unwissenheit im Umgang mit solchen „Fällen“ bzw. den Rechten der Betroffenen, Angst, aber auch versteckter Rassismus oder Sexismus sowie andere Abwehrmechanismen kommen zum Tragen.

Eine Frau wurde beispielsweise einmal von einer Mitarbeiterin des Jobcenters gefragt, warum sie denn unbedingt in Deutschland Hilfe suchen müsse, warum nicht in Holland oder woanders. Dies ist noch ein harmloses Beispiel, stellvertretend für die Unverfrorenheit und das teilweise auch gefährdende Vorgehen so mancher Behörde.

Kinder und die Wahrung ihrer Rechte

Eine gewaltfreie, entwicklungsfördernde und wertschätzende Erziehung der eigenen Kinder muss trotz der meist großen Liebe gegenüber diesen häufig erst erlernt werden. Viele Kinder sind ebenso traumatisiert wie ihre Mütter. Erziehungsprobleme sind vorprogrammiert. Niederschwellige Erziehungsberatung, Spiel- sowie traumapädagogische Angebote für die Kinder und eine Entlastung der Mütter sind dann wichtig. Fast immer ist der Bedarf an Unterstützung und Alltagsbegleitung sehr groß. Umso dringlicher wäre eine schnelle und intensive zusätzliche Hilfe, welche durch das zuständige Jugendamt installiert werden sollte. Dies ist häufig unrealistisch, da ein Antrag auf Hilfen zur Erziehung in der Regel mehrere Wochen dauert. Um das Kindeswohl zu gewährleisten, wird in der Schutzeinrichtung eine engmaschige Betreuung mit klaren Grenzen und Regeln geleistet. Wird gegen Regeln wie Gewalt- oder Drogenfreiheit verstoßen, wird dies an das Jugendamt weitergeleitet. Manchmal ist eine Unterbringung in einem Heim oder einer Pflegefamilie leider der einzige Weg, die körperliche und seelische Unversehrtheit des Kindes zu gewährleisten. Doch auch danach wird den Müttern die Möglichkeit geboten, einen Weg zu finden, der das gemeinsame Leben mit ihrem Kind zum Ziel hat.

Medizinische Versorgung

Frauen mit psychischer Erkrankung sind in ihrer gesellschaftlichen Teilhabe enorm eingeschränkt und haben wenig Chancen, den Teufelskreislauf aus sexueller Gewalt, Armut und Erkrankung langfristig zu verlassen. Die Möglichkeit auf ausreichende ärztliche Behandlung besteht in Deutschland aufgrund fehlender oder unzureichender Krankenversicherung nicht. Das Finden von Ärzten, welche kostenlos behandeln, gestaltet sich in unserer Region schwierig bis unmöglich. Aber auch in den Herkunftsländern rutschen die Betroffenen aufgrund mangelnder Perspektiven, finanzieller Mittel, Diskriminierung und einem nicht vorhandenen stabilen sozialen Netzwerk schnell in die alten Strukturen zurück. Es besteht ein hohes Risiko, dass sie erneut Opfer von sexueller Ausbeutung werden.

Nachsorge

Trotz einer langen Aufenthaltsdauer in der Schutzeinrichtung ist eine zeitlich unbegrenzt mögliche Nachsorge und Beratung sinnvoll. Seelische Krisen und Tiefphasen, Bindungsstörungen und die Herausforderung, das mühsam aufgebaute stabile Leben zu erhalten, fordern einen konstanten und vertrauten Ansprechpartner. Beratungen werden so über viele Jahre immer wieder regelmäßig oder unregelmäßig fortgeführt. Der Rückhalt und das entstandene Vertrauen in die Mitarbeiterinnen des Vereins sind für viele Frauen unglaublich wichtig.

Cathrin Schauer und Anna Lüttich
KARO e.V.

Die Einführung des Prostitutionsgesetzes und die Folgen

Die Situation vor dem Prostitutionsgesetz
Prostitution ist in Deutschland legal, nicht erst seit 2002. Dass im Zusammenhang mit dem „Gesetz zur Regelung der Rechtsverhältnisse der Prostituierten" (Prostitutionsgesetz) oft von einer Legalisierung der Prostitution gesprochen wird, ist somit falsch. Auch vorher war Prostitution nicht verboten. Prostitution war jedoch „sittenwidrig". Das bedeutete, dass eine Vereinbarung zwischen der Prostituierten und dem „Freier" kein rechtskräftiges Geschäft darstellte und somit nicht durchsetzbar war.

Bis 2002 stand jedoch die „Förderung der Prostitution" unter Strafe. Dieser Straftatbestand richtete sich vor allem gegen Zuhälter, konnte aber auch so ausgelegt werden, dass bestraft wurde, wer die Umstände, unter denen Prostitution stattfand, „angenehmer" gestaltete.

Das Prostitutionsgesetz
Das Prostitutionsgesetz wurde am 19. Oktober 2001 durch den Deutschen Bundestag mit einer Mehrheit aus SPD, Grünen, FDP und PDS beschlossen und trat zum 1. Januar 2002 in Kraft. Das Prostitutionsgesetz besteht aus drei kurzen Paragraphen. Darin wird festgehalten, dass wenn „sexuelle Handlungen gegen ein vorher vereinbartes Entgelt" vorgenommen wurden, eine „rechtswirksame Forderung" begründet ist. Gleiches gilt, „wenn sich eine Person, insbesondere im Rahmen eines Beschäftigungsverhältnisses, für die Erbringung

derartiger Handlungen gegen ein vorher vereinbartes Entgelt für eine bestimmte Zeitdauer bereithält". Die Prostituierte hat somit Anspruch auf Zahlung, der Sexkäufer jedoch keinen durchsetzbaren Anspruch auf die sexuelle Dienstleistung. Außerdem wurde festgelegt, wie bei einer vollständigen oder teilweisen Nichterfüllung zu verfahren ist, und dass „das eingeschränkte Weisungsrecht im Rahmen einer abhängigen Tätigkeit der Annahme einer Beschäftigung im Sinne des Sozialversicherungsrechts" nicht entgegensteht.

Mit der Verabschiedung des Prostitutionsgesetzes wurde der Straftatbestand der „Förderung der Prostitution" aus dem Strafgesetzbuch gestrichen. Eine Regulierung der Bordelle und bordellartigen Betriebe sowie Regelungen für die Prostituierten wurden nicht getroffen. Die verpflichtende Gesundheitsuntersuchung für Prostituierte, der sogenannte „Bockschein", war bereits mit dem Infektionsschutzgesetz von 2001 abgeschafft worden.

Nichts geändert hat sich durch das Prostitutionsgesetz an der Steuerpflichtigkeit. Auch zu Zeiten der „Sittenwidrigkeit" waren die Prostituierten und Bordelle verpflichtet, ihre Einnahmen als „Einkünfte anderer Art" zu versteuern.

Mit dem Prostitutionsgesetz führte Deutschland weltweit eine der liberalsten gesetzlichen Regelungen für das Prostitutionsgewerbe ein.

Ziele des Prostitutionsgesetzes

Mit dem Prostitutionsgesetz wollte die damalige Regierungskoalition aus SPD und Grünen die Frauen aus der „Schmuddelecke" herausholen, das „Huren-Stigma" beseitigen, ihnen einen rechtlich sicheren Status verschaffen und eine soziale Absicherung ermöglichen. Die Frauen sollten sozialversicherungspflichtige Arbeitsverhältnisse eingehen und als Prostituierte eine Krankenversicherung abschließen können. Es sollte ihnen ermöglicht werden, ihren Verdienst einzuklagen, wenn der „Freier" bzw. der Arbeitgeber (Bordellbetreiber) den festgelegten Lohn nicht bezahlt. Das „eingeschränkte Weisungsrecht" sollte dazu dienen, dass die Frauen zum Beispiel zur Benutzung von Kondomen angehalten werden können.

Mit dem Gesetz sollte Prostitution „ein Beruf, wie jeder andere" werden. Deshalb wurden Begriffe wie „Prostitution" und „Prostituierte" zunehmend ersetzt durch ideologisch eingefärbte Bezeichnungen wie „Sexarbeit" bzw. „Sexarbeiterin".

Es ging dem Gesetzgeber auch um eine Stärkung der Position der Frauen in der Prostitution gegenüber den Sexkäufern und Bordellbetreibern. Zudem erhoffte sich der Gesetzgeber, dass der kriminelle Einfluss von Zuhältern zurückgedrängt werden könnte, wenn Prostitution überwiegend im „Hellfeld" stattfindet.

Ein weiteres Argument in der öffentlichen Debatte war außerdem, dass den Frauen mit dem Prostitutionsgesetz der Ausstieg erleichtert werden könne. In der Begründung zum Gesetz wurde mit Blick auf die Rechtspraxis der „Sittenwidrigkeit" davon gesprochen, dass den Frauen bisher der Ausstieg erschwert wurde.

Zwischenbilanz 2007

Im Januar 2007 wurde der „Bericht der Bundesregierung zu den Auswirkungen des Gesetzes zur Regelung der Rechts-

verhältnisse der Prostituierten“ veröffentlicht. Grundlage für diesen Bericht waren drei vom Bundesfamilienministerium in Auftrag gegebene Gutachten. Es ging dabei um die Frage, ob und wie sich die soziale und rechtliche Situation der Prostituierten verbessert habe, ob das Gesetz Auswirkungen hatte hinsichtlich des Ausstiegs aus der Prostitution sowie in Bezug auf die Kriminalitätsbekämpfung.

Eines der erklärten Ziele des Prostitutionsgesetzes war es, Frauen in sozialversicherungspflichtige Arbeitsverhältnisse zu bringen. Das entsprechende Gutachten kam zu dem Ergebnis, dass diese Möglichkeit faktisch nicht genutzt wird. Nur ein Prozent der Prostituierten hatte einen Arbeitsvertrag. Gleiches galt für das Argument, die Frauen könnten klagen, wenn der „Freier“ sie um ihren „Lohn“ prellen wolle. Fünf Jahre nach dem Inkrafttreten des Gesetzes gab es hier keine erkennbaren Verbesserungen.

Entsprechend nüchtern fiel die Bilanz der damaligen Bundesfamilienministerin Ursula von der Leyen bei der Vorstellung des

Berichtes der Bundesregierung aus: „Das Gesetz konnte die soziale Absicherung der Prostituierten nicht wirklich verbessern. Der Ausstieg aus der Prostitution ist rechtlich jederzeit möglich, er wird faktisch jedoch kaum genutzt. Die Möglichkeiten dazu wurden kaum verbessert. Die Befürworter des Gesetzes hatten die positive Erwartung, dass es mit Hilfe des Gesetzes gelingen könnte, die Kriminalität zu verringern. Für einen solchen Effekt gibt es bislang keine belastbaren Hinweise."

Das war 2007. Zu dieser Zeit traten die Auswirkungen des Gesetzes und der beiden EU-Osterweiterungen erst ansatzweise zu Tage.

Die Realität heute

Mit der ersten EU-Osterweiterung 2004 wurden Länder wie Polen, Tschechien, die Slowakei sowie Ungarn Mitglied der Europäischen Union. 2007 kamen Rumänien und Bulgarien dazu. Die Freizügigkeit auf dem deutschen Arbeitsmarkt wurde für jeweils sieben Jahre weitgehend ausgesetzt. Das bedeutete, dass Menschen aus diesen Ländern sich in Deutschland frei bewegen und niederlassen konnten, allerdings war

ihnen der deutsche Arbeitsmarkt weitgehend verschlossen. Sozialversicherungspflichtige Arbeitsverhältnisse konnten kaum abgeschlossen werden: „ideale" Voraussetzungen, um Frauen in die Prostitution zu bringen.

Nach der ersten EU-Osterweiterung kamen vor allem Frauen aus Polen in die Prostitution. Sie hatten meist einen Schulabschluss, eine Berufsausbildung oder sogar ein Hochschulstudium. Für sie waren die Hürden für einen Ausstieg viel geringer als bei den Frauen aus Bulgarien, Rumänien, Tschechien, der Slowakei und Ungarn, die später folgten. Aus diesen Ländern kamen vor allem junge Frauen ohne berufliche Erfahrung, ohne Schulabschluss, und nicht selten war Analphabetismus anzutreffen. Diese Frauen stellen bis heute das Gros der Armuts- und Zwangsprostituierten in Deutschland.

Ergebnis der Liberalisierung war, dass überall in Deutschland neue Laufhäuser, FKK-Clubs und Bordelle entstanden, die sich an Größe ständig übertrafen. Besonders in Großstädten, in Flughafennähe und in grenznahen Regionen wurden regelrechte Sexfabriken aus dem Boden gestampft. Mega-Bordelle

BESONDERS IN GROßTÄDTEN, IN FLUGHAFENNÄHE UND IN GRENZNAHEN REGIONEN WURDEN REGELRECHTE SEXFABRIKEN AUS DEM BODEN GESTAMPFT.

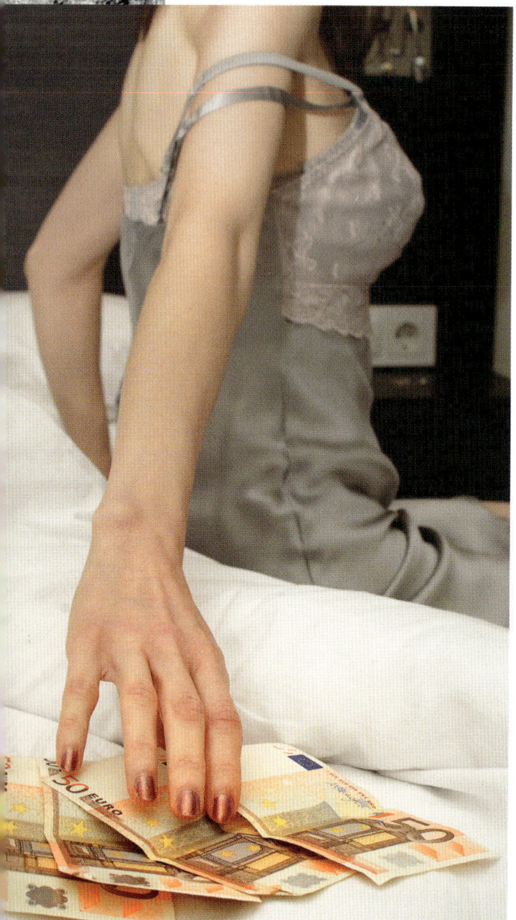

wie das „Pascha" in Köln, das „Artemis" in Berlin, das „Magnum" bei Düsseldorf oder die „Paradies"-Häuser in Stuttgart und anderen Städten stehen beispielhaft für diese Entwicklung. Auch wurden durch das Prostitutionsgesetz menschenverachtende „Geschäftsmodelle" wie „Flatrate-Sex" oder „Vergewaltigungspartys" möglich. Dass sich Männer beim Betreten eines Bordells das „Recht" erkaufen, mit jeder Frau „so viel und so oft" Sex zu haben, wie sie wollen, oder dass Frauen Gruppenvergewaltigungen unterzogen werden, ist nirgendwo sonst im europäischen Ausland denkbar. Unabhängig, ob es sich um schmuddelige Absteigen oder sogenannte Nobel-Bordelle handelt, die Frauen haben tendenziell immer weniger „Rechte" und sind den Sexkäufern immer extremer ausgeliefert.

Auch hinsichtlich des Ausstiegs aus der Prostitution tat sich nicht viel. Zwar führte das Bundesfamilienministerium ein mehrjähriges Bundesmodellprojekt durch, das an drei Standorten installiert wurde. Die Auswertung Ende 2015 machte aber deutlich, wie halbherzig die Projekte zum Teil durchgeführt wurden. Was nicht verwundert. Schließlich war bei einigen Trägern allein schon der Begriff des „Ausstiegs" ein Tabu-Bruch. Konsequenterweise wurde nur von einem „Umstieg" von einem Beruf („wie jeder andere") in einen anderen Beruf gesprochen.

Dass die Erleichterung eines Ausstiegs aus der Prostitution nie wirklich ernsthaft verfolgt wurde, liegt daran, dass es eigentlich paradox ist, für einen „normalen Beruf“, der nicht mehr anstößig sein soll, Ausstiegsprogramme zu installieren, die über Umschulungsmaßnahmen hinausgehen.

Bereits 2007 war deutlich, dass die Intention des Gesetzes an der Realität im Milieu gescheitert ist. Neun Jahre später hat sich diese Realität weiter verschlimmert. Es gibt praktisch keine Frauen, die sozialversicherungspflichtig angestellt sind. Eine Medienrecherche vor einigen Jahren ermittelte ganze 44 Frauen und Männer, die ein solches Angestelltenverhältnis hatten. Alle anderen arbeiten als Selbstständige, müssen sich selbst krankenversichern und selbst für ihre Altersabsicherung sorgen. In Laufhäusern, in denen sie sich einmieten, kommen sie bei täglichen Mietzahlungen von 135 Euro oder mehr auf monatliche Mietkosten von rund 4.000 Euro. Es können aber auch 5.000 Euro sein. Die Zimmer werden als Arbeits- und Schlafstätte genutzt. Allein für diese Wuchermieten müssen die Frauen jeden Tag zig Sexkäufer bedienen. Hinzu kommt, dass die finanzielle Ausbeutung sich nicht nur auf die Miete beschränkt. Damit die „Angebote“ im Laufhaus in Anspruch genommen werden, ist es ihnen nicht selten untersagt, Einkäufe vom nahegelegenen Discounter ins Haus mitzubringen. Selbst von „Spenden“, die Frauen an den Betreiber für dessen wohltätige Zwecke abdrücken müssen, ist zu hören. Für eine Krankenversicherung oder Altersvorsorge bleibt da nichts übrig.
Die Realität ist auch, dass FFK-Clubs wie das „Artemis“ in Berlin den Frauen vorschreiben, bestimmte Sexpraktiken ohne Kondome machen zu müssen. Das sei in allen großen Clubs die Regel, erläuterte vor einigen Jahren eine Sprecherin des „Artemis“ gegenüber dem ORF.

Wie viele Frauen in Deutschland gelegentlich, überwiegend oder rund um die Uhr und praktisch jeden Tag in der Prostitution arbeiten, ist nicht bekannt. Die geläufigste Zahl, 400.000 Frauen, ist eine willkürliche Schätzung der Pro-Prostitutions-Lobby. Sie stammt aus den späten 1980er Jahren und bezog sich auf die alte Bundesrepublik. Diese Zahl wird seit mehr als einem Vierteljahrhundert kolportiert, obwohl sie jeder wissenschaftlichen Grundlage entbehrt. Andere Schätzungen aus dieser Zeit gingen von weit weniger Frauen aus. Von 150.000 etwa. Mit der Zahl „400.000" und der ebenfalls in Umlauf gebrachten Zahl von über einer Millionen Männern, die regelmäßig eine Prostituierte aufsuchen, sollte damals unterstellt werden, dass Prostitution und die Inanspruchnahme Normalität sei. Würde diese Zahl zutreffen, müssten in einer Großstadt wie Berlin mindesten 15.000 Frauen (und Männer) in der Prostitution arbeiten. Realistische Schätzungen gehen von 6.000 bis höchstens 10.000 aus.

Es gibt auch keine wirklich realistischen Angaben darüber, wieviel Geld mit Prostitution umgesetzt wird. Trotzdem kann davon ausgegangen werden, dass es sich um einen Milliardenmarkt handelt, wenn in einem Großbordell mit rund 100 Frauen lediglich durch die Mieteinnahmen Einkünfte von mehreren Millionen Euro jährlich erwirtschaftet werden. In dieser Summe ist noch kein Euro von den Zehntausenden Sexkäufern enthalten, die ein solches Großbordell besuchen. Klar ist lediglich, dass die „Ware Frau" ein Milliardengeschäft ist, von dem am wenigsten die Frauen selbst profitieren.

Der rechtliche Status ist zwar verbessert worden, und auch die Stigmatisierung der Frauen hat abgenommen, dies kann aber nicht darüber hinwegtäuschen, dass die Frauen heute

Zuhältern, Ausbeutern und anderen Profiteuren weitaus mehr ausgeliefert sind als vor 2002. Durch die Abschaffung der Strafbarkeit der „Förderung der Prostitution“ haben Kriminelle freie Hand, denn eine Grenzziehung zwischen „normaler“ Zuhälterei und ausbeuterischer Zuhälterei ist kaum möglich. Das macht eine Strafverfolgung schwierig.

Tatsache ist, dass sich weder in den scheinbar noblen Bordellen noch am Straßenstrich die Arbeitsbedingungen der Frauen verbessert haben. Die Preise sind massiv gesunken. Sexpraktiken, die früher die Ausnahme waren, sind die Regel. Und das Ganze möglichst ohne Kondom. Sexuell übertragbare Krankheiten sind wieder auf dem Vormarsch.
Durch die Armutsprostitution und den Menschenhandel aus Südosteuropa ist der „Prostitutionsmarkt“ größer geworden. Das wirkt sich auf die „etablierte“ Prostitution aus: Immer mehr alteingesessene kleine und mittlere Bordelle schließen oder müssen Konkurs anmelden. Selbst Begleitagenturen gaben wegen der Dumpingpreise und den „Ansprüchen“ auf. Die klassische deutsche Prostituierte ist in den meisten Bordellen längst eine Ausnahme. Der Migrationsanteil unter den Frauen war schon vor dem Prostitutionsgesetz mit rund 50 Prozent überdurchschnittlich hoch. Heute liegt er bei mindestens 70 bis 80 Prozent. Tendenz: weiter steigend.

Fazit
Mit dem Prostitutionsgesetz ist die sexuelle Ausbeutung von Frauen zu einer akzeptierten gesellschaftlichen Normalität geworden. Nutznießer sind die Zuhälter, Bordellbetreiber und Sexkäufer sowie ein parasitäres Umfeld, das durch Wuchermieten oder Shuttledienste in die Herkunftsländer das schwer verdiente Geld der Frauen abschöpfen. Wenn in der Öffent-

lichkeit vom „Prostitutionsland Deutschland“, einem „Paradies für Freier“, einem „El Dorado für Sextouristen“ oder von Deutschland als „Land der Luden“ oder „Bordell Europas“ die Rede ist, ist das durchaus zutreffend.

Änderungen der Gesetzgebung

Obwohl die Bundesregierung schon 2007 das Scheitern des Gesetzes eingestanden und die damalige Familienministerin eine „Trendwende“ in der Prostitutionspolitik gefordert hat, ist viele Jahre nichts geschehen bzw. alle Anläufe zu einer Regulierung der Prostitution und zur stärkeren Bekämpfung des Menschenhandels wurden nicht umgesetzt. Es gab zwar immer wieder Gesetzesvorschläge. Diese Entwürfe verschwanden aber ohne großes Aufsehen in den Schubladen der Bundestagsfraktionen. Zuletzt scheiterte kurz vor der Bundestagswahl 2013 ein von CDU, CSU und FDP beschlossenes Gesetz im Bundesrat, weil dieser das Gesetz an den Vermittlungsausschuss verwies, und damit durch die Neuwahl des Bundestages ausgehebelt wurde.

Die seit 2013 amtierende Bundesregierung aus CDU, CSU und SPD hat in ihrem Koalitionsvertrag eine stärkere Bekämpfung des Menschenhandels und eine Regulierung der Prostitution angekündigt. Nach nunmehr drei Jahren zeichnet sich eine Umsetzung dieser Vorhaben ab. Voraussichtlich 2017 werden Neuregelungen für das Prostitutionsmilieu in Kraft treten. Darin geht es in erster Linie um eine Regulierung bordellartiger Betriebe sowie eine Registrierung und Beratung der Frauen (und Männer) in der Prostitution. Außerdem werden Sexkäufer, die „willentlich und wissentlich“ Zwangsprostituierte missbrauchen, mit Freiheitsstrafe bedroht.

Gerhard Schönborn
Neustart e.V.

GESICHTER DER ZWANGS-PROSTITUTION

Unterwegs mit Karo e.V.

KARO e.V. Mut. Selbstbestimmung. Leben. Der Mensch ist keine Ware!

Jede Woche gehen wir zu den Frauen und Mädchen auf dem Straßenstrich, in Clubs und bordellähnliche Einrichtungen. Wir haben Kondome, Gleitgel und Schwangerschaftstests dabei, im Winter außerdem warme Kleidung und einen Kaffee zum Aufwärmen. Wenn es Weihnachten ist, stehen so manchem Mädchen die Tränen in den Augen, wenn es ein kleines Weihnachtsgeschenk, und sei es nur ein Schoko-Nikolaus, überreicht bekommt. Unser „Markenzeichen", das weiße Dienstauto, wird häufig schon von den Frauen erwartet und herbeigewunken.

Die meisten Mädchen und Frauen, die wir während der Streetwork-Einsätze treffen, erzählen uns irgendwann, in wie vielen Ländern und Städten sie schon arbeiten mussten. Einige nennen es „Vermittlung" oder bezeichnen es als „Urlaubsreise mit dem Freund", der eigentlich ihr Zuhälter ist, wenn sie von Club zu Club oder auf den Straßenstrich geschickt werden. Ein Großteil der Frauen gerät schon minderjährig in diesen Teufelskreislauf.

Alle leben gefährlich. Lebensgefährlich.

Das Leid dieser Menschen kennt unzählige Gesichter. Im Rahmen der Arbeit von KARO e.V. ist es die 18-jährige Frau mit ihren zwei Kindern, ihrem gewalttätigen Zuhälter und gleichzeitigem Ehemann, die heroinabhängig geworden ist, weil sie die ganzen Misshandlungen sonst kaum überstehen würde. Ihre schlanke, fast schon dürre Gestalt, das dunkle schwarze Haar und ihre weichen tiefsinnigen Augen zeigen eine feinfühlige, wunderschöne Frau, bei der wir uns fragen: Was macht sie hier? Wieso hat das Leben ausgerechnet sie mit diesem verlorenen Schicksal bedacht? Ihre Ohrläppchen sind

abgerissen und der Hals ist von Messerstichen gezeichnet, ihre Arme zeigen unzählige Einstichstellen und ihre Augen spiegeln so unendlich viel Traurigkeit wider, dass es wehtut, hineinzuschauen.
Es sind die Frauen, die hinter den Schaufenstern stehen müssen und die Tür nur einen Spalt weit öffnen – weit genug, dass man ihre zerschlagenen, dünnen Beine sehen kann, die mit Gänsehaut bedeckt sind, weil sie kaum mehr als Unterwäsche tragen.
Das Leid tritt in den unzähligen Kindern hervor, die direkt bei den Hintereingängen dieser Schaufenster-Bordelle spielen.
Es ist auch die über 50-jährige Frau, die so dünn ist, dass wir ihre Knochen zählen können. Die Hunger hat und dennoch mit uns lacht, weil sie sich so sehr freut, dass jemand sie ernst nimmt. Es ist die junge Mutter, deren 6 Monate altes Baby in Obhut ihrer Zuhälter ist und die uns ein letztes Mal traurig zulächelt, als ihr Zuhälter wütend angerannt kommt und wir wegfahren müssen.
Und es ist das 15-jährige Mädchen, das in einer sächsischen Großstadt in einer Wohnung über Stunden vergewaltigt, gefoltert und dabei gefilmt wurde.

Während unserer Streetwork-Einsätze treffen wir schwerkranke, behinderte, schwangere und häufig auch drogenabhängige Mädchen und Frauen. Manche leiden unter Erfrierungen und

„Martina“ liest deutsche Bücher, um ihre Deutschkenntnisse zu verbessern.

anderen akuten chronischen Erkrankungen. Sie erzählen uns teilweise selbstverständlich von Bedrohungen und Vergewaltigungen, aber auch von ihren unerfüllten Träumen und Hoffnungen. Viele haben eigene Kinder, so manche junge Mutter berichtet uns von ihren fünf oder acht Kindern, die sie kaum zu ernähren weiß.

Die meisten Sextouristen verlangen ungeschützten Geschlechtsverkehr. Manche quälen die ihnen völlig ausgelieferten Opfer, vergewaltigen sie, bedrohen sie mit einer Waffe, sperren sie in den Kofferraum oder schmeißen sie anschließend wie Dreck aus dem Auto, irgendwo auf einer Landstraße, manchmal nackt. Und selbst dann sprechen viele Frauen noch von Glück, denn sie haben überlebt. Manche Frauen lachen, während sie uns diese Geschichten berichten. Weil sie sich selbst schon nicht mehr spüren. Andere sind wütend, weil die Polizei ihre Anzeige nicht ernst nimmt und fragt, was sie denn erwarten würden, wenn sie anschaffen gehen?

Dass eine Frau Anzeige gegen die Täter erstattet, ist selten. Auf dem Straßenstrich herrschen strenge Kontrollmechanismen. Mädchen und Frauen werden von den Zuhältern an Standorte gebracht und wieder abgeholt. Meist halten sich die Zuhälter unweit dieser Standorte in Autos oder Hauseingängen auf. Vor allem minderjährige Mädchen werden extrem streng kontrolliert und nicht allein gelassen.

Wenn wir während eines Streetwork-Einsatzes neue minderjährige Mädchen auf dem Straßenstrich treffen, sehen wir die Angst in ihren Gesichtern. Sie trauen sich nicht zu reden und

geben sich als volljährig aus. Oft sehen wir sie nie wieder. Weiterverkauft oder weggebracht an Orte, an denen niemand danach fragt, wer sie sind und wie es ihnen geht.
Die älteren Frauen, die schon länger in dem Milieu sind, haben sich meist an die alltägliche Gewalt gewöhnt, sind drogenabhängig und sehen für sich keinen anderen Lebensweg mehr. Manche reden dann von freiwilliger Prostitution. Erst in längeren, vertrauten Momenten erzählen sie, was „freiwillig" an dieser Stelle bedeutet. So wie die heute 35-jährige Martina, die nach 20 Jahren Zwangsprostitution endlich in unserer Schutzeinrichtung lebt:

„Schon immer habe ich mich als das schwarze Schaf der Familie empfunden. Mit 15 Jahren habe ich es zu Hause nicht mehr ausgehalten. Ich bin abgehauen und habe mit Freunden aus der Schule rumgehangen. Die durften alles und erschienen mir damals sehr cool. Unter ihnen war auch meine erste Liebe. Dachte ich damals zumindest. Wie man sich täuschen kann …

Eines Tages haben die Jungs mich und paar andere Mädels in einer Wohnung ein paar Asiaten vorgestellt. Ich hab nichts von dem verstanden, was sie miteinander besprochen haben. Das einzige, was mir auffiel, war, dass die Asiaten uns wie Ware begutachtet haben. Als irgendwann die Wohnungstür zufiel und abgeschlossen wurde, waren die Asiaten verschwunden, stattdessen standen sechs fremde Männer in der Wohnung. Seit diesem Tag war alles anders. Die Welt hatte sich für mich verändert und würde nie mehr dieselbe sein."

Zurück nach Hause konnte und wollte Martina nach der Gruppenvergewaltigung nicht mehr. Viele Jahre wurde sie an

verschiedene Zuhälter verkauft und weitergereicht. Immer wurde sie dorthin gebracht, wo gerade Nachfrage war. Die Zuhälter in Tschechien sind wie ein Spinnennetz verwoben und tauschen sich ständig untereinander aus: Wo wird was gebraucht? Und das nicht nur innerhalb Tschechiens, sondern bis nach Deutschland und über andere Ländergrenzen hinaus.

„Ich musste in Clubs und auf der Straße anschaffen gehen: in Tschechien, Deutschland und Belgien. Vietnamesen, Türken, Araber, Deutsche. Warum ich nicht zur Polizei gegangen bin? Ich hatte kein Vertrauen. Nie haben sie mir geholfen. Als Prostituierte ist man abgestempelt. Ein Mensch zweiter Klasse.
Am 18. April 2013 traf ich eine Entscheidung: raus hier. Und zwar für immer. Ich verließ mein altes Leben und stieg aus. Möglich war das nur aufgrund des Hilfsangebots von KARO, die mir eine reelle Perspektive eröffneten, den Ausstieg zu schaffen, die erste überhaupt.
Tatsächlich habe ich einen kalten Entzug geschafft. Der erste Schritt in ein neues Leben war getan. Ich fühle mich sehr gut und war auch ein bisschen stolz auf mich selbst. Die Mitarbeiterinnen bei Karo sind die ersten, die mich wie einen Menschen behandelten. Ich habe nach zehn Jahren in der Hölle wieder ein Zuhause gefunden und Menschen, denen ich etwas bedeute."

In ihrer Zeit bei Karo war Martina immer für „neue Frauen" da, die Zuflucht im Schutzhaus fanden. Dank ihr fielen vielen

Frauen die ersten Tage der Eingewöhnung leichter. Sie motivierte sie durch ihre eigene Lebensgeschichte und gab Mut und Kraft für den neuen Weg.

Martina überraschte die SozialarbeiterInnen von KARO in den folgenden Monaten immer wieder. Der erfolgreiche Entzug zeigte ihr, dass sie etwas schaffen kann. Den Integrationskurs (Martina ist Tschechin) schloss sie erfolgreich ab, und zwar als Klassenbeste. Martina wollte endlich arbeiten und eigenes Geld verdienen. Doch das war gar nicht so einfach. Alle Anträge auf Sicherung des Lebensunterhalts wurden abgelehnt. Selbst während ihrer Zeit im Schutzhaus bekam Karo die Kosten nicht erstattet.
Inzwischen hat sie die Arbeitserlaubnis bekommen. Martinas steter Wille, ihr Leben selbst in die Hand zu nehmen, hat sich gelohnt. Inzwischen hat sie einen Job. Schicht und Wochenendarbeit sind kein Problem für sie. Sie nutzt jede Möglichkeit, um voranzukommen. Endlich verdient sie ihr eigenes Geld. „Ich wollte schon immer in der Gesellschaft meinen Beitrag leisten. In meinem neuen Job ist das möglich. Das macht mich glücklich."

Nach 17 Monaten im Schutzhaus hat Martina eine eigene, kleine Wohnung gefunden. Sie hat eine Arbeit und Freunde. Gern erinnert sie sich an die Zeit bei KARO e.V., an ihr erstes eigenes Zimmer – nach langen und harten Jahren auf der Straße.

Sie hat den Ausstieg geschafft. Martina ist glücklich.

Cathrin Schauer
KARO e.V.

VERLETZT, ENTTÄUSCHT UND VOLLER WUT – SUE

Eigentlich sind die jungen hübschen Frauen, die bei Mission Freedom aufgenommen werden, die Opfer von Zwangsprostitution und moderner Sklaverei. Aber sie möchten selbst nicht als Opfer gesehen werden, und so nennen wir sie „Betroffene". Das Wort gibt aber den Horror und das Elend, das man ihnen angetan hat, nicht annähernd wieder.

Sue ist Nigerianerin und wurde vor vielen Jahren als Menschenhandelsopfer nach Italien verschleppt. Die Zuhälter zwangen sie, sich zu prostituieren und täglich das Geld bei ihnen abzuliefern. In Italien hatte sie versucht, sich bemerkbar zu machen, sie sprach eine Passantin an und flehte um Hilfe, aber die Frau, die ihr hätte helfen können, ging einfach weg und kam nie wieder. Daraufhin hatte Sue sich bei der Polizei gemeldet und um Hilfe gebeten.
Tatsächlich wurde sie in ein Schutzhaus gebracht. Fünf Jahre wartete sie dort, damit die Polizei einen großen Prozess gegen die Täter vorbereiten konnte. Doch auch die Polizei missbrauchte Sues Vertrauen aufs Gröbste. Anstatt sie zu schützen, wurde ihre Geschichte in den Printmedien veröffentlicht. Die Polizei stellte sich dabei als die großen Helden da und bekam von verschiedenen Organisationen Geldzuwendungen. Sue wurde überall als „die Nigerianerin, die gegen ihre Täter aussagt", bekannt. Das führte dazu, dass sie in Italien nicht mehr sicher war. Schließlich floh sie nach Belgien.

Dort lernte sie ihren Mann kennen, der selbst nicht ganz unbescholten war. Er gab ihr kein Geld, keine Versorgung und hatte neben ihr noch andere Freundinnen. Sue bekam zwei

Kinder von ihm. Als sich ihre Lage immer mehr zuspitzte, floh sie mit beiden über die Grenze in die Niederlande.
Dort stand sie an einer Bushaltestelle und fragte sich durch, bis sie schließlich eine Hilfsorganisation fand, die sie aufnahm. Nach ein paar Wochen kümmerte sich eine christliche Organisation darum, dass sie weiter versorgt wurde. Sie mieteten und bezahlten ihr eine Wohnung und unterstützten sie sogar bei den täglichen Kosten. Sue wurde trotzdem immer unglücklicher über ihre Lage. Sie wollte arbeiten, ihr Geld

selbst verdienen, und so begann sie, Schmuck aus Perlen herzustellen. Die Einnahmen waren gering, aber sie hatte zum ersten Mal das Gefühl, nicht immer von den Barmherzigkeitsgaben anderer abhängig zu sein.

Die Frauen der Organisation, die sie bis dahin betreut hatten, gingen für ein Jahr nach Amerika. Deshalb suchten sie nach einer neuen Bleibe mit Betreuung für Sue und ihre Kinder.

Sie schrieben auch Mission Freedom an. Sue könne auch als Mitarbeiterin im Home helfen, hieß es.

Die Mitarbeiterinnen von Mission Freedom holten Sue und ihre zwei Kinder im Alter von 4 und 7 Jahren ab. Doch bereits auf der Fahrt zum Home erklärte Sue, dass sie nicht mehr abhängig sein und erst recht nicht in einem Haus mit vielen Menschen zusammenleben wolle. Wir boten ihr mehrere Alternativen an, aber es war aussichtslos. So blieb sie dann, ungern zwar, aber nicht anders möglich, für einige Zeit bei Mission Freedom. Sie wurde immer depressiver. Trotz aller Mühe und Liebe, bedingungsloser Zuwendung und unendlich vieler Stunden im Gespräch, konnte keiner sie halten … Eines Tages, kurz vor Weihnachten, verließ sie ihre Unterkunft zusammen mit ihren zwei Kindern und tauchte einfach unter. Wochen später erfuhren die Mitarbeiterinnen von Mission Freedom, dass Sue wieder bei den Amerikanerinnen in Belgien gelandet war und dort mit ihren Kindern in einer Wohnung lebe. Sie geht ihren schwierigen Weg jetzt alleine weiter. Frauen wie Sue gibt es zu Hunderten in unseren Städten. Sie sind verletzt, enttäuscht und voller Wut auf die Gesellschaft, die ihnen keine Chance gegeben hat, sich zu integrieren. Was braucht Sue für ihre Zukunft? Eine Aufenthalts- und eine Arbeitsgenehmigung sowie konkrete finanzielle Hilfe beim Start in ihr neues Leben. Leider hat sie diese Hilfe hier nicht bekommen, und sie wird wohl trotz ihrer fehlenden Aufenthaltsgenehmigung in Europa bleiben. Wir hoffen, dass sie mit ihren Kindern nicht ganz untergeht. Ob ihre Kinder später einen besseren Weg finden, können wir nicht vorhersagen.

Gaby Wentland
Mission Freedom

AUF DEN SPUREN DES MENSCHENHANDELS IN RUMÄNIEN UND DEUTSCHLAND

Eine triste Straße im äußersten Südwesten Rumäniens. Wer auf dem Flughafen von Temeschwar landet und in die zwölf Kilometer entfernte herausgeputzte Innenstadt möchte, der kommt hier entlang. Die Straße zieht sich durch Gewerbegebiete, Schienenverkehr kreuzt, hin und wieder stehen Privathäuser am Wegesrand, kleine Wälder, ein deutscher Reifenhersteller hat an dieser Straße sein rumänisches Werk hingesetzt. Der triste Stadtrand bietet zudem ein Geschäft an, das in Rumänien illegal ist: Hier warten Prostituierte auf ihre Kundschaft.

„Die meisten Männer haben uns bei der Tankstelle angesprochen, wir mussten sie überreden, mit uns über die Straße in den Wald zu gehen", erzählt Ioana (alle Namen geändert). „Hinter den Bäumen mussten wir unvorstellbare Dinge mit den Männern tun, die uns gekauft hatten. Im Wald waren oft auch andere von der Bande, die unsere Freier brutal zusammenschlugen und ausraubten. Wenn die Polizei kam, mussten wir sofort auf die andere Straßenseite zur Bushaltestelle gehen und so tun, als ob wir auf den Bus warteten. Die Zuhälter waren überall, sie ließen uns nie aus den Augen. Manchmal, wenn den Zuhältern das Geld zu wenig war, mussten wir von morgens bis zum nächsten Tag hier sein, und manchmal sogar eine Woche."

Mein Filmteam und ich sind unterwegs in Rumänien, um nach Spuren des Frauenhandels und der Zwangsprostitution zu suchen. Vor wenigen Tagen haben wir Ioana kennengelernt – durch Vermittlung einer Hilfsorganisation, die ehemalige Zwangsprostituierte betreut. Hier leben junge Frauen, die von ihren Zuhältern über Jahre grausam gequält wurden und nun nach Wegen suchen, ins Leben zurückzufinden.

Ioana ging zur Schule und war bis über beide Ohren verliebt. Eines Tages sagte ihr Freund: Meine Eltern möchten dich kennenlernen, komm mit zu mir nach Hause. Als sich die Haustür hinter ihr schloss, begann für Ioana ein Albtraum. Sie wurde von den erwachsenen Männern der Familie vergewaltigt, und ihr wurde klargemacht, was man von ihr von jetzt an erwartete. Sie musste Geld heranschaffen und vom gleichen Abend an als Zwangsprostituierte ihren Körper anbieten.

„Ioanas Zuhälter hatten ein perfektes Haus für die Mädchen gefunden. Sie hatten vier Mädchen, und alle waren minderjährig", berichtet uns eine engagierte Undercover-Polizistin, die mit einem Einsatzkommando das Haus stürmte, die Mädchen befreite und den Zuhälterclan verhaftete. „Die Mädchen hatten keine Möglichkeit auszubrechen, das Haus war

wie ein Gefängnis, von hohen Mauern umgeben, alles war abgeriegelt. Jeder Mann war in einem anderen Zimmer und beaufsichtigte ein, zwei Mädchen. In einem der Räume lag beispielsweise einer der Brüder mit seiner Frau im Bett, und eines der Mädchen, 17 Jahre alt, musste daneben auf dem nackten Fußboden schlafen. Die Mädchen bekamen einmal am Tag etwas zu essen. Die Zuhälter schmissen ihnen zum Beispiel eine Scheibe Brot einfach auf den Fußboden. Für die Zuhälter waren die Mädchen keine Menschen, sie waren für sie wie eine Fabrik, wie eine Gelddruckmaschine. Auch auf der Straße wurden sie bewacht." Wenn sie nicht genug Geld heranschafften, wurden die Mädchen von ihren menschenverachtenden Peinigern grausam gequält und in ein Erdloch gesperrt, schildert die Polizistin weiter.

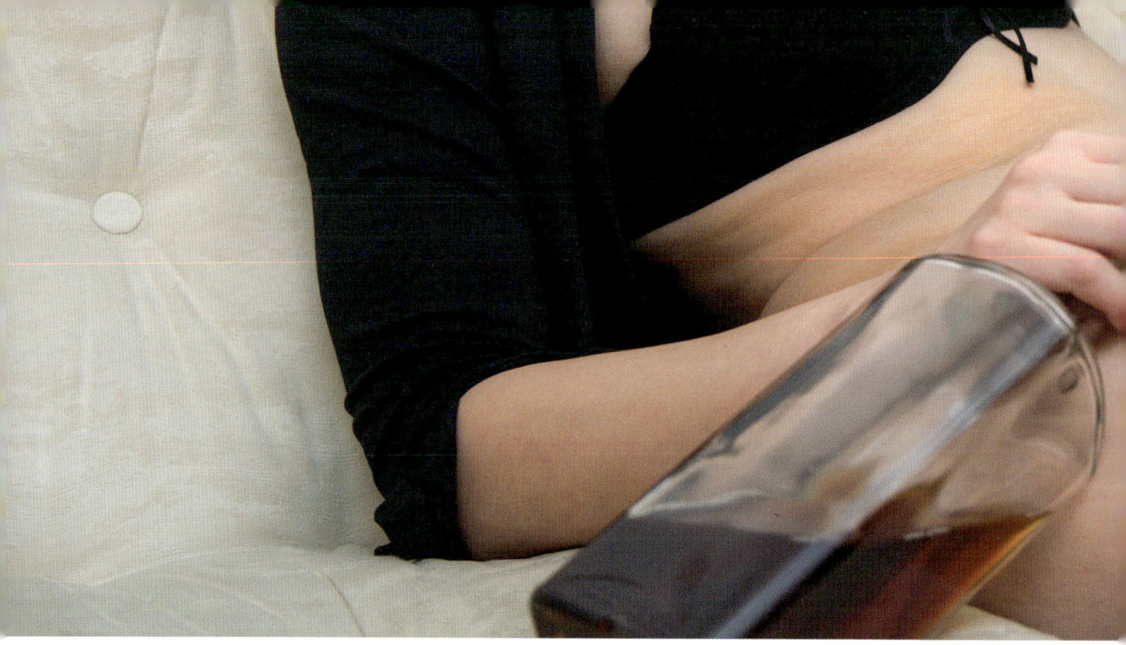

Nun beginnt für Ioana ihr neues Leben. Über drei Jahre hat sie vor Gericht gegen ihre Zuhälter ausgesagt und auch gegen Polizisten, denen sie ihre Situation geschildert und auf Befreiung gehofft hatte. Diese Polizisten kamen abends mit einem Streifenwagen, holten sie ab – und vergewaltigten Ioana.

Eine halbe Autostunde von Bukarest entfernt treffe ich Männer, die bereit sind, vor meiner Kamera auszupacken. Wladimir, einer von ihnen, ist 40 Jahre alt und ein Menschenhändler übelster Sorte. „Ich habe Frauen verkauft, und ich habe Frauen gefangen gehalten, meistens Minderjährige. Wir haben ihnen gute Jobs angeboten, als Kellnerin, als Tänzerin, aber um ehrlich zu sein, sie wussten es schon. Sie taten nur so, als ob sie es nicht wussten. Ich kenne mich aus. Ich hatte hunderte von Mädchen, die durch meine Hände gegangen sind, die ich verkauft habe."

Radu, sein Kollege, rechnet uns vor, wie einträglich das Geschäft mit der Ware Frau ist. „Ich habe für eine Frau höchstens 500 Dollar bezahlt, verkauft habe ich sie für mindestens 1000 Dollar." Radu weiß genau, für welche Frau er wie viel Geld bekommt, welche Frauen von Männern in Italien, Deutschland oder Spanien besonders nachgefragt werden.

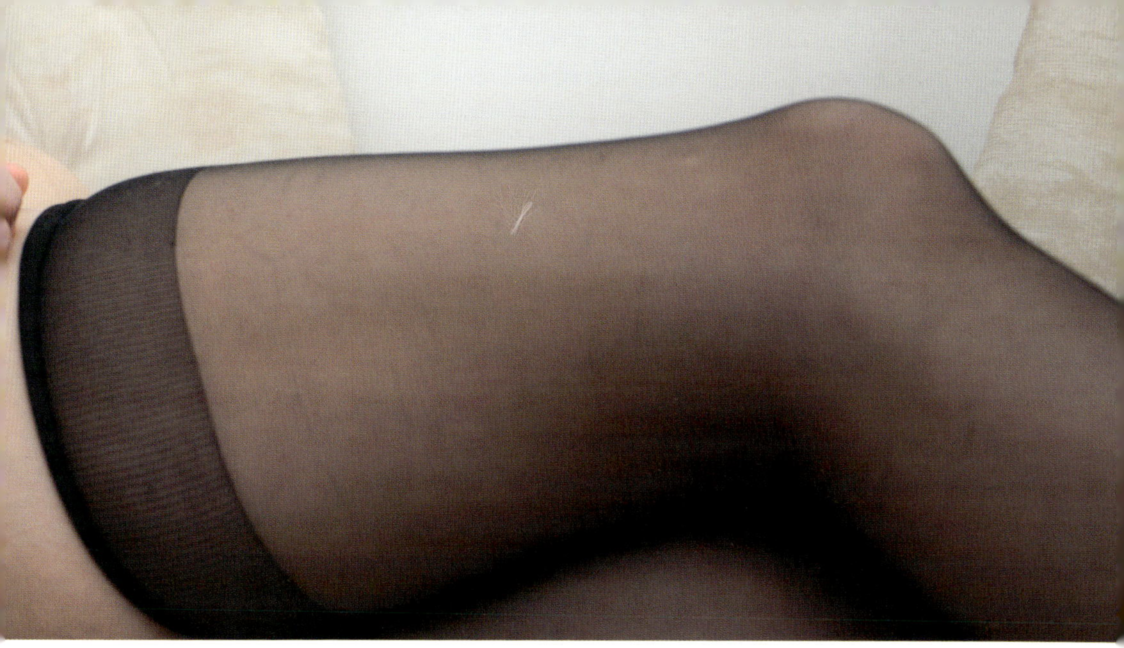

Sie besorgen die Frauen, andere verkaufen sie im Inland oder schaffen sie wie Schmuggelware ins Ausland. Über die sogenannte Westroute schaffen Schleuser die Opfer in andere europäische Länder oder zwingen sie in Rumänien zur Prostitution. Menschenhandel ist ein äußerst lukratives Geschäft. Jedes Jahr kommen aus Rumänien tausende Mädchen auf den europäischen Prostitutionsmarkt. Deutschland zählt zu den größten Abnehmern dieser Zwangsprostituierten. In Deutschland arbeiten schätzungsweise 200.000 Prostituierte – Experten meinen, dass 80 Prozent dieser Frauen Zwangsprostituierte sind. Im Internet spiegeln die Homepages der Bordelle Angebot und Nachfrage wider. Und auch Nachwuchs wird auf diesem Wege gesucht.

Sie hatte auf ein Zeitungsinserat reagiert und sollte in einer Fabrik in Deutschland arbeiten.

In den Weinbergen bei Stuttgart treffen wir Ildiko aus Ungarn. Sie war Opfer einer Menschenschlepper-Bande. Sie hatte auf ein Zeitungsinserat reagiert und sollte in einer Fabrik in Deutschland arbeiten. Stattdessen lieferte sie eine Bande, angeführt von einer Frau, nach einer abenteuerlichen Autofahrt in einem Bordell in Backnang ab. Die Schlepper nahmen ihr Pass und Handy ab und zwangen Ildiko, als Sexsklavin zu arbeiten – mitten im Gewerbegebiet einer deutschen Stadt.

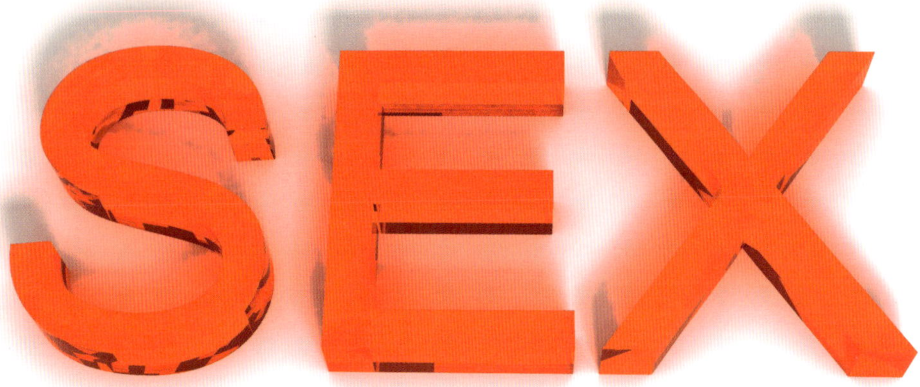

„Ich sprach kein Wort Deutsch“, sagt Ildiko, „und bekam eine Liste auf Deutsch und Ungarisch in die Hand gedrückt. Darauf stand, was ich mit den Männern machen sollte und was das kostet.“ Von zehn Uhr vormittags bis zwei Uhr nachts musste Ildiko ihren Körper anbieten. Überall im Bordell waren Kameras und Bodyguards, die Überwachung war perfekt.

Als einmal nachts eine Polizeikontrolle kam, musste Ildiko anschließend ihre Sachen packen und ins Auto steigen – von Backnang aus wurde sie in ein Bordell nach Ludwigsburg verlegt. Für jeden Tag im Bordell musste Ildiko ihren Peinigern 135 Euro zahlen, Frühstück kostete extra.

Heute lebt Ildiko mit ihren Töchtern glücklich in einem kleinen Häuschen im Ruhrgebiet. Ohne die Hilfe eines deutschen Mannes, der sie aus dem Bordell befreite, und ohne Unterstützung einer Hilfsorganisation und einer Rechtsanwältin, hätte sie nicht mehr in ein normales Leben zurückgefunden.

Klaus Wölfle
Journalist und Filmemacher

ICH WILL KEINE HILFE, SONDERN MIR SELBST HELFEN KÖNNEN! – EMMA

Im Sommer 2014 kam sie mit der Bahn zu Mission Freedom. Man hatte das Team per Anruf informiert: „Eine junge Osteuropäerin ist zu Ihnen unterwegs, sie wird am Bahnhof in Hamburg auf Sie warten. Erkennungsmerkmal: Ihre Fingernägel sind hellorange." Gaby Wentland antwortete: „Ich trage zur Erkennung einen roten Schal in meiner Hand. Ich warte auch auf sie!"

Das Warten am Bahnsteig wird immer aufregend bleiben, denn man weiß ja nie, wer zu einem unterwegs ist.

So stand Gaby in der sommerlichen Hitze mit ihrem roten Schal am Bahnsteig und wartete auf den Zug. Die Ansage ertönte: „Der Intercity fährt auf Gleis 4 ein, bitte Vorsicht am Bahngleis!" Eine Tür zum Abteil kam direkt vor ihr zum Stillstand. Als sie sich öffnete, kam ein Mädchen aus der Tür direkt auf Gaby zu – ihre knallorangefarbenen Nägel waren gar nicht zu übersehen! Sie warf sich einfach in Gabys Arme: „Du bist Gaby!"

Es gab gar keine Befremdung oder Zurückhaltung! Sie schnatterte fröhlich drauf los in ihrer eigenen Sprache. Und immer nur freundlich nickend, weil sie natürlich nichts davon verstand, ging Gaby mit ihr zum Auto.

Eine Übersetzerin machte dann alle miteinander bekannt, und Emma erzählte ihre tragische Geschichte: Sie war neun

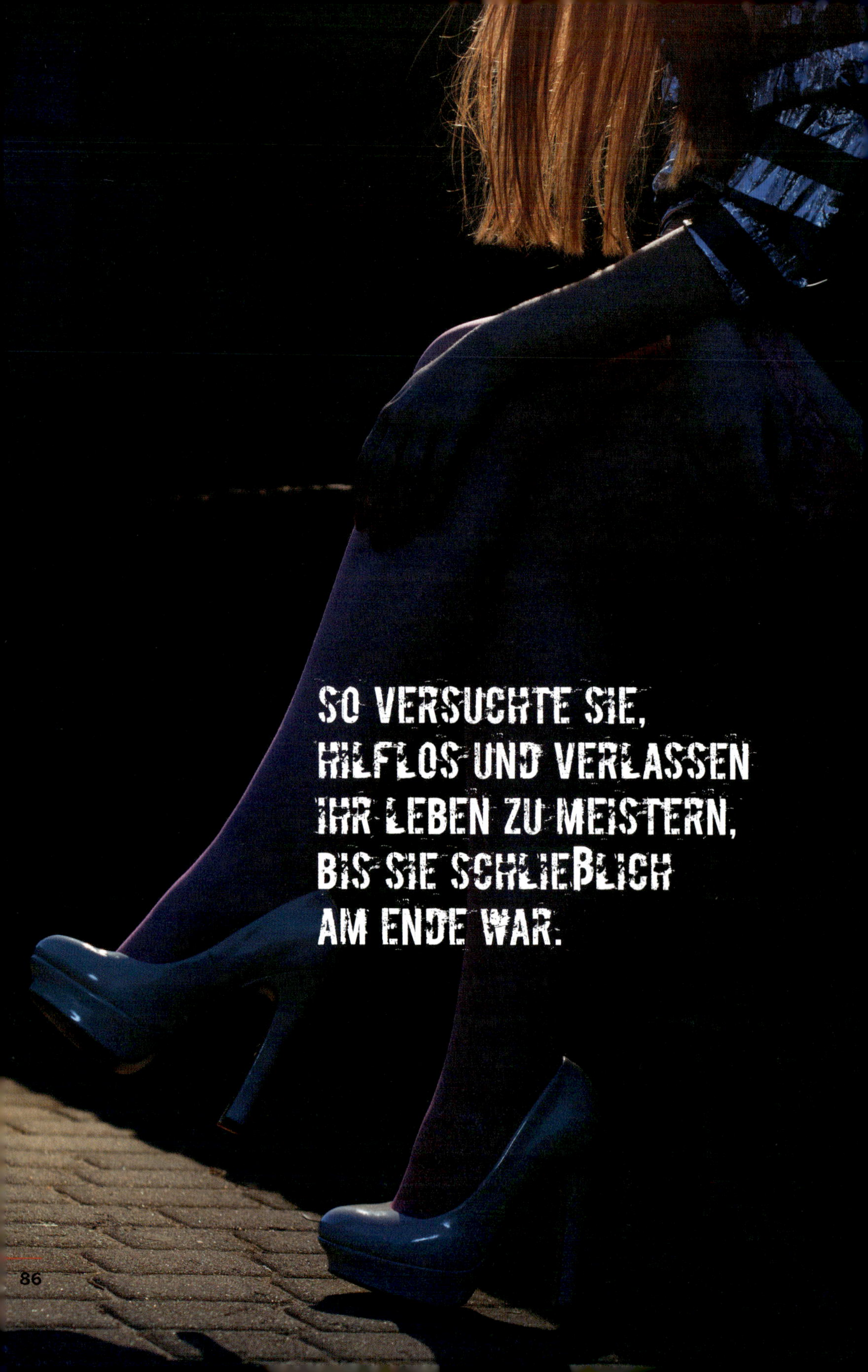

SO VERSUCHTE SIE,
HILFLOS UND VERLASSEN
IHR LEBEN ZU MEISTERN,
BIS SIE SCHLIEßLICH
AM ENDE WAR.

Jahre in verschiedenen Städten auf dem Strich gewesen. Sie war dreimal verheiratet gewesen, zum ersten Mal mit zwölf Jahren in ihrer Heimat. Ihr Ehemann schlug sie oft bis zur Besinnungslosigkeit. Auch die folgenden Männer verprügelten sie. Sie kannte nur ein grausames Leben und gewaltsame Familienangehörige, die sie schließlich in die Prostitution schickten.

So versuchte sie, hilflos und verlassen ihr Leben zu meistern, bis sie schließlich am Ende war. Eine Sozialarbeiterin fand sie und nahm sie mit in ihr Büro. Emma rechnete gar nicht mehr mit einer Rettung, hoffte nur auf eine kleine Ruhepause und Essen. Die Sozialarbeiterin erzählte ihr von einem Mission Freedom Home, das sie sofort aufnehmen würde, dort würde man sie versorgen und ihr Hilfe anbieten, sie bräuchte nur ja zu sagen. Das wollte Emma unbedingt annehmen.

Ihre Hoffnung war es, endlich eine legale Arbeit zu finden, um ihren Lebensunterhalt selbst verdienen zu können. Im Home kümmerten wir uns um ihre Belange.

Doch die vielen Anträge für Unterstützung, die Wartezeiten auf ihren ersehnten Sprachkurs wurden zu einer sehr großen Geduldsprobe für sie. Immer wieder weinte sie: „Ich will doch nur arbeiten! Ich will keine Hilfe, sondern mir selbst helfen können!" Das unterstützte das Team, so gut es ging. Wir waren glücklich über ihren enormen Eifer, ihr Leben in die Hand zu nehmen und neu zu gestalten. Ihre Sprachkenntnisse waren jedoch sehr mangelhaft, sie konnte sich in all dem Wirrwarr auch gar nicht richtig konzentrieren. „Aber warum dürfen die anderen Frauen schon Deutsch lernen und ich noch nicht?", war ihre oft wiederholte Frage.

Das Team hoffte, dass sie die Wartezeit, bis ihre Papiere durch waren, aushalten würde. Ihr fehlten die Geburtsurkunde und ein gültiger Pass aus ihrem Heimatland. Der zuständige Konsul meinte, sie könne nur in ihrem Geburtsort die fehlenden Dokumente bekommen. Dazu müsse sie erstmal dort hinfahren. Doch das war aus Sicherheitsgründen ganz unmöglich, und so baten wir erneut telefonisch um Hilfe. Diese wurde uns, wie durch ein Wunder, tatsächlich gewährt! Wir erhielten ein paar Wochen später die Geburtsurkunde einfach per Post ins Haus geliefert!

Und dann war es auch endlich so weit: Im November unterschrieb sie ihren ersten Arbeitsvertrag, und auch ihr Sprachkurs begann. Doch schon wurde sie wieder ungeduldig: „Ich muss mehr Geld verdienen, ich brauche kein Deutsch mehr zu lernen!" Wie konnten wir ihr verständlich machen, dass ein Jahr Deutschkurs ihre Chancen auf besser bezahlte Arbeit nur steigern würde! In Deutschland ist es absolut notwendig, Deutsch zu sprechen. Sie sollte ja ihre Formulare später selber ausfüllen können, alle Anträge und Verträge selbst lesen und unterschreiben können. Auch hier fanden wir für sie schließlich eine Lösung. Sie konnte tatsächlich mit zwei kleinen Jobs genügend Geld verdienen, um den Sprachkurs zu Ende zu machen.

Ihre erste eigene Wohnung war nun das nächste Ziel. Und dann wünschte sie sich auch noch einen Mann! Sie ist jetzt glücklich und voller Hoffnung auf eine gute Zukunft. Inzwischen lebt Emma seit einem Jahr in ihrer Wohnung. Sie verdient wenig, aber sie spart eisern für die Zukunft. Sie hat ja noch so viel vor! Sie möchte eines Tages wieder heiraten und auch noch Kinder bekommen. Ihr Traum vom Glück ist noch lange nicht zu Ende geträumt.

Manchmal staunen die Mitarbeiterinnen über diese hübschen Frauen, die trotz des unglaublichen Leids und Missbrauchs immer noch von ihrem Prinzen träumen, der sie wachküsst und das Leben mit ihnen teilen wird.

Gaby Wentland
Mission Freedom

METHODEN DER MENSCHEN-HÄNDLER

Chamäleons und Improvisationskünstler
Menschenhändler haben eins gemeinsam: Sie sind bereit, ihre Mitmenschen auf brutalste Art und Weise zu ihren eigenen Gunsten auszubeuten. Hierfür setzen sie perfide Methoden ein, die sie an sich stets ändernde Umstände anpassen.
Weil die Polizei und Kriminalämter nicht unbedeutende Ressourcen einsetzen, um Menschenhändlern auf die Schliche zu kommen und weil sowohl in den Herkunfts- als auch in den Zielländern Präventionsarbeit geleistet wird, müssen die organisierten Verbrecherbanden, die den Menschenhandel in Europa vorantreiben, ihre Strategien stets verfeinern. Nur dann sind sie in der Lage, weiterhin Frauen und Mädchen dem deutschen Sex-Markt zuzuführen. Denn Methoden, die vor 15 Jahren funktioniert haben, sind heute in den meisten Fällen nicht mehr effektiv.
Die Strategien passen Menschenhändler zudem den politischen, wirtschaftlichen und rechtlichen Umständen in den Herkunfts- und Zielländern an. Hier gilt es, eine Balance zu finden zwischen begünstigenden Umständen in den Heimatländern (etwa weibliche Armut und mangelnde Perspektiven) und denen in den Zielländern (etwa Nähe zum Herkunftsland, Leichtigkeit der Einreise, Gesetzgebung im Bereich der Prostitution und Nachfrage).

Immer mehr Opfer kommen aus Bulgarien und Rumänien. Noch bis etwa 2000 waren die Hauptherkunftsländer Polen, Litauen und Estland, die 2004 der EU beitraten. Diese Veränderung ist vermutlich auf die mittlerweile schlechtere wirtschaftliche Lage Bulgariens und Rumäniens zurückzuführen.

Auch galt für Bürger aus diesen Ländern vor dem EU-Eintritt eingeschränkte Freizügigkeit, was eine gewöhnliche Anstellung in Deutschland ausschloss. Die meisten Opfer, die von der Polizei erfasst werden, stammen aus Europa (fast 90 Prozent; 2014), vor allem Osteuropa. Die zweitmeisten stammen aus Afrika (5,7 Prozent; 2014), hier vor allem Nigeria.
Die Opfer kommen zumeist mit Bahn, Bus oder PKW nach Deutschland, nur die wenigsten mit dem Flugzeug. Für Transport und Einreise ist ein enges Netzwerk notwendig: „Diese über ganz (West-)Europa verteilten kriminellen Strukturen zeichnen sich durch eine abgeschottete, auf persönlichen Kontakten basierende Organisation aus. Diese reagiert flexibel und zeitnah auf polizeiliche Maßnahmen. Die Täter agieren grenzübergreifend und verteilen die zumeist jungen Opfer zwischen den Mitgliedstaaten.“ (BKA, 2012)

Anwerbung durch Gewalt

Eine gewaltsame Entführung durch unbekannte, maskierte Handlanger, die im Auftrag eines Verbrecherbosses unterwegs sind, mag in Hollywood-Filmen verbreitet sein. Die Wirklichkeit jedoch sieht anders aus. In den Statistiken des Bundeskriminalamtes (BKA) zeichnet sich in den Jahren von 1999 bis 2014 ein deutlicher Trend ab: Lediglich zwischen 7 Prozent und 19 Prozent der in Deutschland aufgedeckten Opfer berichten von Gewalt bei der Rekrutierung. Wie bereits gesagt, haben die Menschenhändler ihre Methoden verändert und verfeinert.

FÜR TRANSPORT
UND EINREISE
IST EIN ENGES NETZWERK
NOTWENDIG.

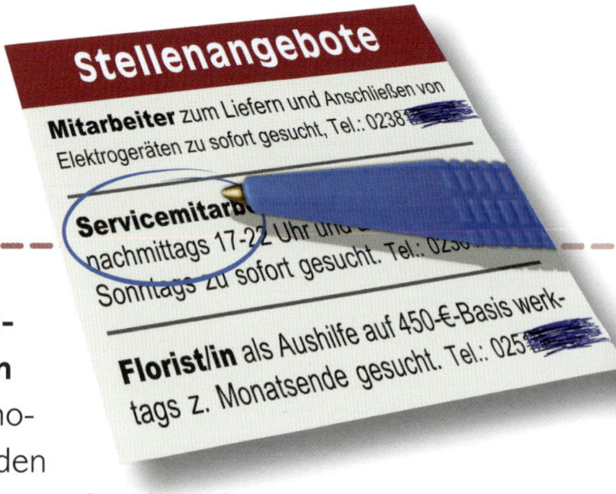

Anwerbung durch Agenturen oder falsche Anzeigen

Eine weiter verbreitete Methode, um an neue Frauen für den Sex-Markt heranzukommen, sind falsche Job-Ausschreibungen. In Zeitungen und im Internet werden Angebote als Model oder Tänzerin, Kellnerin, Bar-Keeperin, Au Pair-Mädchen oder Haushaltshilfe angezeigt.

Diese „too good to be true"-Angebote versprechen eine hohe Verdienstmöglichkeit im Ausland bei wenig Vorkenntnissen und Eigenkapital. Die „Firma" ist oft bereit, Kosten für das Visum, die Einreise und ein nicht definiertes „Training" nach Ankunft zu übernehmen. Erst später, bei Ankunft in Deutschland, werden diese Kosten in Rechnung gestellt. Die Vermittler geben bekannte Hotels und Restaurants als Arbeitsort an, deren Existenz über das Internet leicht zu überprüfen ist. Die Bewerber können mit dem angeblichen Unternehmen vorab nur per E-Mail oder über die Webseite kommunizieren, sodass konkrete Nachfragen nur schwer möglich sind.

Bei der Ankunft in Deutschland entpuppt sich dann, was wirklich dahintersteckt.

Doch auch diese Methode zur Rekrutierung ist laut BKA mittlerweile nicht mehr die häufigste. Zwischen 2007 und 2014 haben lediglich 14 Prozent der Opfer im Durchschnitt von solchen falschen Jobangeboten berichtet.

Anwerbung durch Verherrlichung der Prostitution

Weil traditionelle Methoden wie Gewalt und falsche Jobangebote immer weniger Erfolg bringen, zeichnet sich seit einigen Jahren ein neuer Trend ab: Die Menschenhändler werden ehrlich – oder zumindest ehrlicher. In den Jahren zwischen 2006 und 2014 gaben durchschnittlich 31 Prozent der in Deutsch-

land befragten Opfer an, mit der Ausübung der Prostitution zunächst einverstanden gewesen zu sein. Ihnen wurde eine saubere Anstellung zu guten Konditionen angeboten. Manchmal arbeiten die Opfer bereits in ihrem Heimatland als Prostituierte. Ihnen wurde ein Bild von Deutschland vorgegaukelt, in dem Prostituierte sehr hohe Verdienstmöglichkeiten und eine sichere Arbeitsatmosphäre genießen.
Manchmal werden Frauen sogar durch andere Prostituierte rekrutiert. Diese tragen teure Designer-Kleidung, fahren ein großes Auto und gaukeln potenziellen Opfern ein glamouröses Leben als High End-Prostituierte vor, in dem sie alle Entscheidungen über ihren Körper, ihr Geld und ihre Zeit fest

in der Hand haben. Die Opfer entscheiden sich dann, sich für ein paar Jahre in Deutschland zu prostituieren, um anschließend wieder im Heimatland ein bescheidenes Leben mit ihrer Familie zu führen.
Die tatsächlichen Umstände ihrer Arbeit in der Prostitution sehen dann jedoch anders aus. Sie wissen nicht, dass ihnen ein Job als Wegwerf-Prostituierte bevorsteht, in dem ihnen diktiert wird, was sie mit wem wann machen, um möglichst schnell große Profite für die Täter herauszuholen.

Anwerbung durch Täuschung über den Zweck einer Reise oder einer Arbeit
Eine der effektivsten Methoden, junge Frauen für die Zwangsprostitution in Deutschland zu gewinnen, ist die Täuschung durch Familie, Freunde, Bekannte oder Liebhaber. Den Opfern werden, wie bei den Agenturen, Jobs angeboten als Kellnerin, Tänzerin, Hausmädchen oder Landarbeiterin. Laut den „Bundeslagebilder Menschenhandel" für die Jahre 1999-2014

wurden durchschnittlich 38 Prozent der Opfer mit dieser Methode angeworben. Somit war dies die häufigste Anwerbungsmethode.
Durch erfolgreiche Präventionsarbeit und eine stärkere Berichterstattung zum Thema in den Herkunftsländern sind viele potenzielle Opfer mittlerweile argwöhnisch, wenn ihnen Arbeit von Unbekannten oder Agenturen angeboten wird. Wenn diese Angebote und Versprechungen jedoch von Bekannten, der Familie, vom Liebhaber oder sogar dem Ehegatten kommen, ist die Wahrscheinlichkeit hoch, dass die Frauen diesen vertrauen.
Die Menschenhändler leisten hierbei viel Beziehungsarbeit im Voraus, bis sie einen persönlichen Zugang zu den Opfern haben. Oder aber sie sind so skrupellos, Mitglieder ihrer eigenen Familie oder aus dem engeren Bekanntenkreis anzuwerben.
Auch sogenannte Loverboys investieren viel Zeit und Geld in ihre Opfer und gaukeln Mädchen und jungen Frauen eine Lie-

besbeziehung vor, um sie dann später in die Prostitution zu locken oder vielmehr zu zwingen. Die Opfer werden von dem Loverboy über einen längeren Zeitraum emotional manipuliert und von äußeren Einflüssen abgeschirmt. Menschenhandelsopfer in Deutschland stehen oft in dieser ambivalenten psychologischen Abhängigkeit zu ihrem Peiniger (siehe Kapitel „Loverboys", S. 146)

Nigerianische Frauen werden ebenfalls durch falsche Jobangebote nach Deutschland und Europa gebracht. Sie ahnen nicht, dass sie in der Prostitution landen werden. Vor der Abreise nach Europa werden sie oft einem Voodoo-Ritual unterzogen: Dabei schwören sie einem Priester, dass sie alle Kosten für die Einschleusung zurückzahlen, allen Anweisungen ihres Vorgesetzten folgen und nicht fliehen werden. Wenn sie diesen Schwur nicht einhalten, so glauben sie, werden sie Krankheiten bekommen oder sogar sterben.

Methoden, um Menschen in der Zwangsprostitution zu halten

Auch wenn Gewalt bei der Anwerbung nicht mehr die größte Rolle spielt, bleibt sie das wichtigste Werkzeug, um Opfer in der Zwangsprostitution zu halten. Laut dem BKA gaben im Jahr 2014 fast 43 Prozent der Opfer an, durch physische oder psychische Gewalt zum Verbleib in der Zwangsprostitution gezwungen worden zu sein. Um den Willen des Opfers zu brechen, werden die jungen Frauen häufig und wiederholt von mehreren Männern vergewaltigt. Wenn sie nicht genug Geld zurückbringen oder versuchen zu fliehen, folgen brutale Misshandlungen. Andere Opfer werden gezwungen zuzuschauen, während eine Frau ihre „Strafe" bekommt, um sie zusätzlich einzuschüchtern. Mit der physischen Gewalt geht meistens auch psychische Gewalt einher. Die Opfer müssen Isolation,

Beschimpfungen, Belästigungen, Terror und Überwachung über sich ergehen lassen. Die Menschenhändler stellen sich als alles sehende, alles wissende Personen dar, um die Frauen in einem fortwährenden Angstzustand zu halten.

Auch Drohungen gegen die Opfer oder deren Familien werden von Menschenhändlern eingesetzt,

um die Frauen zu kontrollieren. Gerade wenn die Täter den Bekanntenkreis des Opfers kennen und genau wissen, wer zu ihrer Familie gehört und ob sie Kinder hat, erscheinen diese Drohungen glaubwürdig. Es kommt vor, dass heimlich Aufnahmen von ihr während der „Arbeit“ gemacht werden und der Frau damit gedroht wird, die Bilder ihrer Familie zu zeigen oder sie ins Internet zu stellen.

Es ist immer ein Bündel an Faktoren, die die Frauen so einschüchtern, dass sie keinen Ausweg sehen. Zu den bereits beschriebenen Maßnahmen kommt hinzu, dass ihnen, in Deutschland angekommen, der Ausweis gewaltsam entwendet wird. Angeblich wolle der „Arbeitgeber“ ihn vor möglichem Diebstahl durch andere Prostituierte oder Drogenabhängige schützen. Ohne Pass oder Ausweis sind die Frauen zusätzlich hilflos.

Weil den Opfern der größte Teil ihres Verdienstes abgenommen wird, sind sie auch finanziell gänzlich auf die Täter angewiesen.

Auch die Tatsache, dass die Opfer kein Deutsch sprechen und ihre Rechte nicht kennen, wird von den Menschenhändlern ausgenutzt.

Nicht zuletzt achten die Täter darauf, dass die Frauen nie zu lange an einem Ort bleiben, nicht wissen, wo sie sind und von Außenkontakten abgeschirmt werden. So stellen sie sicher, dass die Opfer unwissend über ihre Rechtssituation bleiben. Ihnen wird suggeriert, dass die Polizei in Deutschland sehr korrupt sei und sie daher keine Hilfe erwarten könnten.

Die Polizei bestätigt, dass bei vielen Opfern tatsächlich eine niedrige Bereitschaft existiert, sich ihr anzuvertrauen und auszusagen. Insbesondere Frauen aus Rumänien, Bulgarien und Nigeria hegen großes Misstrauen der Polizei gegenüber. Dies rührt daher, dass die Polizei in ihren eigenen Ländern korrupt ist. Der Corruption Perceptions Index von Transparency International erfasst das Korruptionsniveau im öffentlichen Sektor weltweit. Laut dem Index von 2015 rangiert Rumänien auf Platz 58 von 168 Ländern. Bulgarien wird sogar als noch korrupter eingestuft: Platz 69. Nigeria ist laut dem Index eines der korruptesten Länder der Welt auf Platz 136. Es liegt somit nahe, dass Opfer aus diesen Ländern die Zustände im Heimatland auf Deutschland übertragen.

Die nigerianischen Frauen müssen, wie oben bereits angedeutet, 5-stellige Schuldenberge bei ihrer „Madame" zurückzahlen. Diese nigerianischen Zuhälterinnen wurden in der Regel selbst nach Deutschland eingeschleust und der Prostitution zugeführt. Sie übernehmen nicht selten eine Zuhälterrolle nach Abzahlung der eigenen „Schuldenberge". (BKA, 2007)

Menschenhandel zum Zweck der sexuellen Ausbeutung ist einer der verheerendsten und kriminellsten Taten unserer Zeit. Opfer werden auf intimste und unvorstellbare Weise geschändet, gedemütigt und verletzt, oft mit weitreichenden, lebenslänglichen physischen und psychischen Folgen für die Opfer.

Shannon von Scheele
Netzwerk gegen Menschenhandel e.V.

ICH KONNTE NICHT LÄNGER WEGSCHAUEN

MISSION FREEDOM

Unterwegs mit Mission Freedom e.V.

Hintergründe der Gründung

Im Jahr 2008 hörte Gaby Wentland einen Vortrag in Hamburg über das Thema Menschenhandel und Zwangsprostitution in Europa. Sie war regelrecht geschockt! Sollte es wahr sein, dass in Hamburg junge Frauen wie Sklavinnen zur Prostitution gezwungen werden? Sie fragte daraufhin bei diversen Organisationen nach und informierte sich beim Landeskriminalamt und im Bundestag. Überall bestätigte man ihr, dass es in Europa und auch hier in Deutschland Zwangsprostitution gibt. Die Situation in Hamburg selbst sei nach wie vor alarmierend. Die Szene der illegalen Prostitution ist nach Einschätzung von Experten des Landeskriminalamtes professioneller geworden. Außerdem bereitet den Beamten die Nutzung der Medien Kopfzerbrechen. Illegale Prostituierte arbeiten immer öfter über Handy, machen nur noch Haus- und Hotelbesuche. Die Hintermänner sind so schwerer zu ermitteln.
Nachdem Gaby Wentland sich informiert hatte, war für sie am Ende klar, dass sie nicht länger wegschauen wollte und konnte. Zusammen mit sechs weiteren mutigen Frauen und Männern gründete sie am 1.1.2011 den Verein Mission Freedom e.V.

Die Ziele

Ziel des Vereins ist es, weiblichen Opfern von Menschenhandel (sexuelle Ausbeutung/Zwangsprostitution, Arbeitsausbeutung und Zwangsheirat) eine sichere Unterkunft anzubieten, in der sie stabilisiert und auf ihrer Wegfindung in ein selbstbestimmtes Leben unterstützt werden. Da das Thema Menschenhandel weltweit immer größere Dimensionen annimmt und bereits als größtes Feld der organisierten Kriminalität (neben Waffen- und Drogenhandel) gilt, sehen die Mitglieder des Vereins in der Aufklärung der Gesellschaft (Prävention und Öffentlichkeitsarbeit) sowie in Kooperationen und Vernetzung mit anderen aktiven Organisationen einen Weg zur Lösung.

Das Mission Freedom Home

Am Rande von Hamburg haben wir als Verein ein Haus gemietet, welches über zwölf Plätze für Frauen und ihre Kinder verfügt. In einem ruhigen und sehr liebevollen Umfeld dürfen die Betroffenen ausruhen und zu Kräften kommen. Die gesamte Versorgung wird durch Spenden getragen.
Über 75 Personen haben so unser Haus in den letzten vier Jahren aufgesucht und sind über Wochen oder Monate geblieben. Die Aufenthaltsdauer ist von Fall zu Fall sehr unterschiedlich. Wenn die jungen Frauen Deutsch sprechen können und sogar einen Pass haben, ist eine Integration binnen kurzer Zeit möglich. Dies begünstigt ebenso die Job- und Wohnungssuche. Wenn sich eine berufliche Perspektive abzeichnet, sind die Frauen sehr dankbar. Sie möchten arbeiten und ihr altes Leben so schnell wie möglich zurücklassen. Dennoch werden sie noch Jahre danach mit diesen traumatischen Erlebnissen zu kämpfen haben.
Ohne entsprechende Papiere und Deutschkenntnisse zieht sich der Aufenthalt im Home jedoch Monate hin. In der Zwischenzeit erhalten sie Deutschunterricht, psychosoziale Betreuung und rechtliche Hilfe bei der Besorgung aller notwendigen Dokumente. Allerdings ist diese Zwischenzeit für die Frauen oft sehr angespannt, da sie Angst haben, in ihr Heimatland abgeschoben zu werden. Das Bestreben der

Mitarbeiter ist es, den jungen Frauen Mut zu machen, nicht aufzugeben. Geduldig hören sie zu, wenn die Betroffenen von ihren schrecklichen Erlebnissen erzählen möchten. Stabile Beziehungen und Lebensformen helfen ihnen, ihre Ängste und Traumata zu überwinden. Ruhe, Ordnung, Zuwendung und viel Freiraum für Neues geben ihnen ihre Lebensfreude wieder. Für einen kleinen, aber überaus wichtigen Lebensabschnitt dürfen wir, die Mitarbeiter, ihre Familie sein. Mit sehr viel Freude und Dankbarkeit blicken wir auf das, was im Mission Freedom Home geschehen ist, zurück.

Sonstige Tätigkeitsfelder

Es ist für Mission Freedom ein persönliches Anliegen geworden, die Gesellschaft über diese Nöte aufzuklären. Dafür reist Gaby Wentland in viele Länder in ganz Europa, in Amerika und sogar bis nach Asien.

Zusammenarbeit und Vernetzung

Die Arbeit gegen Menschenhandel und Zwangsprostitution braucht den Einsatz und die Anstrengung verschiedener gesellschaftlicher Gruppierungen und Institutionen, von behördlicher Seite ebenso wie von freien Trägern und anderen Nichtregierungs-Organisationen. Inzwischen wurden viele Organisationen gefunden, die ebenfalls in Europa aufstehen gegen Menschenhandel und mittlerweile mit Mission Freedom gut vernetzt sind. Durch internationale Netzwerkpartner ist es ihnen möglich, Frauen Rückkehrhilfe in ihr Heimatland zu gewährleisten. Mission Freedom ist zudem Gründungsmitglied von „Gemeinsam gegen Menschenhandel".

Gaby Wentland
Mission Freedom

Frauen aus der Zwangsprostitution genießen ihre neue Freiheit.

Gaby Wentland spricht mit einer Klientin von Mission Freedom.

WILLIAM WILBERFORCE – EIN LEBEN FÜR DIE ABSCHAFFUNG DER SKLAVEREI

Es ist der 24. Februar 1807. Ein lang ersehnter, historischer Moment. Ohne Übertreibung kann man von einem „kairos" der Menschheitsgeschichte sprechen. Die Uhrzeiger rücken auf vier Uhr morgens. Im britischen Unterhaus steht eine letzte Abstimmung auf der Tagesordnung. Und tatsächlich: Das Gesetz zur Abschaffung der Sklaverei wird verabschiedet. Fast zwanzig Jahre lang hatte ein und derselbe entschlossene Abgeordnete gegen die Sklaverei protestiert und den Antrag auf die Abschaffung Jahr für Jahr (mit einigen wenigen Unterbrechungen) erneut ins Parlament eingebracht. Ihm ist dieser Erfolg hauptsächlich zu verdanken.

Wer ist dieser Mann?

William Wilberforce wird am 24. August 1759 in Hull, England, geboren. Seine Eltern sind Elizabeth und Robert Wilberforce, wohlhabende und angesehene Kaufleute. William ist das einzige Kind der beiden. Im Alter von neun Jahren stirbt Williams Vater. Er zieht aus der Grafschaft Hull nach London zu Onkel und Tante, weil die Mutter dort bessere Bildungschancen für ihren Sohn sieht. Als sie aber erkennt, dass die Verwandten religiösen Einfluss auf William nehmen, schickt die Mutter ihn auf ein Internat in der Nähe von Hull.
1776 stirbt Williams Großvater und hinterläßt ihm ein ansehnliches Vermögen. Im gleichen Jahr beginnt Wilberforce ein Studium in Cambridge, 1779 wechselt er nach London. Dort lernt er den gleichaltrigen Jurastudenten William Pitt kennen, und eine tiefe Freundschaft entsteht. Beide verbindet

der Wunsch, Politiker zu werden. Wilberforce hat beste Aussichten. Seine gute Herkunft, sein Charme und seine brillante Rhetorik öffnen ihm viele Türen. Im September 1780, nur wenige Wochen, nachdem er volljährig geworden ist, wird Wilberforce als parteiloser Abgeordneter ins britische Parlament gewählt. Sein Freund Pitt wird 1782 Schatzkanzler und im Jahr darauf britischer Premierminister: im Alter von 24 Jahren. 1784 lernt Wilberforce auf einer Reise durch Europa Isaac Milner kennen, einen anglikanischen Priester. Sie führen lange Gespräche, lesen gemeinsam geistliche Bücher und das Neue Testament. Entscheidend wird ihm der Kontakt zu John Newton, dem bekehrten, ehemaligen Kapitän von Sklavenschiffen und Verfasser des – schon damals – sehr bekannten Liedes „Amazing Grace". Wilberforce erlebt eine geistliche Erneuerung, die er später als seine „große Wandlung" bezeichnete. Beiden, Newton und Wilberforce, lag am Herzen, dass Glaube sich auch in tätiger Nächstenliebe ausdrücken muss.

1787 hört Wilberforce den Vortrag eines Missionars und wird erneut auf den Sklavenhandel aufmerksam. Er ist tief erschüttert und setzt sich wieder mit John Newton in Verbindung, um Details zu erfahren. Wilberforce will es aber nicht bei seinem Entsetzen belassen, er findet sein Lebensthema und den Schwerpunkt seiner politischen Berufung.

Wilberforce lernt engagierte Christen kennen, vielfach mit pietistisch-evangelikalem Hintergrund, und auch etliche Quäker, die sich für eine „sittliche Erneuerung" einsetzen. In der Tradition der Puritaner lehnen sie Alkohol, Glücksspiel, Pornografie oder Sonntagsarbeit ab. Sie streiten für ein Ende der Todesstrafe und setzen sich für die Abschaffung der Sklaverei ein. Sie argumentieren theologisch. Mit der Menschenwürde: Jeder Mensch ist ein Geschöpf und Ebenbild Gottes. Auch Galater 3,28 spielt eine wichtige Rolle: „Da ist nicht Jude noch Grie-

SKLAVEREI –

WILBERFORCE WILL ES ABER NICHT BEI SEINEM ENTSETZEN BELASSEN, ER FINDET SEIN LEBENSTHEMA UND DEN SCHWERPUNKT SEINER POLITISCHEN BERUFUNG.

che, da ist nicht Sklave noch Freier, da ist nicht Mann noch Frau; denn ihr alle seid einer in Christus Jesus." Viele dieser Christen hatten sich in der „Society for effecting the abolition of slavery" (Gesellschaft zur Abschaffung der Sklaverei) zusammengeschlossen, daher ihr Name „Abolutionisten". Sie sind außerordentlich aktiv: Die Abolutionisten schreiben Leserbriefe und Flugblätter, organisieren Vorträge und initiieren Petitionen, dabei sammeln sie knapp 400.000 Unterschriften für ihr Anliegen.
Auch Wilberforce veröffentlicht eine Reihe von Schriften, darunter das Büchlein: „An Appeal to the Religion" („Ein Appel an den Glauben"). Er gründet weitere Vereine und wirkt im Laufe seines Lebens in insgesamt 69 wohltätigen Organisationen mit.
Wilberforce wird, wenn man so will, der „parlamentarische Arm" der Abolutions-Bewegung. Politische Unterstützung erhält er von William Pitt.
Das Anliegen, den Sklavenhandel zu verbieten, scheint trotz der Umtriebigkeit der Bewegung und guter Kontakte von Wilberforce schier aussichtslos. Sklavenhandel ist im 19. Jahrhundert ein weltweit verbreitetes Phänomen und ein wichtiges Fundament der britischen Wirtschaft. Kaum jemand aus der breiten Gesellschaft nimmt Anstoß an dieser Praxis.

Seine erste Rede gegen den Sklavenhandel hält Wilberforce 1789 im britischen Unterhaus. Zwei Jahre später bringt er einen Gesetzentwurf ins Parlament ein. Dieser wird mit großer Mehrheit abgelehnt.
Doch Wilberforce lässt nicht locker: „Mir erschien die Verderbtheit des Sklavenhandels so enorm, so furchtbar und nicht wiedergutzumachen, dass ich mich uneingeschränkt für die Abschaffung entschieden habe. Mögen die Konsequenzen

sein, wie sie wollen, ich habe für mich beschlossen, dass ich keine Ruhe geben werde, bis ich die Abschaffung des Sklavenhandels durchgesetzt habe." (Rede vor dem Unterhaus, Quelle: Wikipedia).
Jahr für Jahr legt er einen neuen Gesetzesentwurf vor, immer wieder in leicht überarbeiteten Versionen. Jeder einzelne davon wird abgelehnt – und Wilberforce erntet Hohn und Spott von den Befürwortern der Sklaverei.
Für ihn selbst und seine Mitstreiter sind diese Jahre, die wir im Rückblick nur allzu schnell überlesen, weil wir das „Happy End" der Story kennen, eine enorme Belastung. Immer wieder müssen sie gegen die Resignation ankämpfen, einige Mitstreiter steigen aus. Starke gesundheitliche Probleme und eine schwere Erschöpfung bei Wilberforce kommen hinzu. Auch Wilberforce hat Momente, in denen er seine Berufung infrage stellt. Er überlegt, sein Mandat zurückzugeben. In einer der tiefsten Krisenzeiten ist es seine Bekannte und spätere Frau Barbara, die ihn ermutigt. Später hat sie ihn zeitlebens in seinem Kampf gegen die Sklaverei unterstützt.

1807 – Die Abschaffung des Sklavenhandels ist beschlossene Sache.

Fast 18 lange Jahre gehen ins Land, seit Wilberforce seine erste abolutionstische Rede im Unterhaus gehalten hatte. 1807 kommt dann tatsächlich der große Moment: Schon zehn Stunden dauert die Debatte im Parlament. Als es um vier Uhr morgens zur Abstimmung kommt, sind viele der Befürworter der Sklaverei nicht mehr anwesend. Sie rechnen nicht mit einer Niederlage. So wird die Vorlage mit einer überwältigenden Mehrheit von 283 zu 16 Stimmen angenommen. Ober- und Unterhaus stimmen dem Gesetz gegen den Sklavenhandel („Slave Trade Act") zu, der König willigt ein: Die Abschaffung des Sklavenhandels ist beschlossene Sache.

Doch selbst dieser historische Sieg ist nur ein Teilerfolg auf dem Weg zur Abschaffung der Sklaverei. Und damit geben sich die Abolutionisten und Wilberforce nicht zufrieden. Die „Slave Trade Act“ betrifft nur den Handel mit Sklaven. Sklaverei an sich bleibt weiterhin erlaubt. Der Kampf geht also weiter. Wilberforce setzt sich fortan im Parlament für eine gänzliche Abschaffung der Sklaverei ein.
Wieder gehen lange Jahre ins Land. Die endgültige Entscheidung erlebt Wilberforce nicht mehr als Abgeordneter. Seine Gesundheit zwingt ihn 1825, seine Tätigkeit im Parlament aufzugeben. Dennoch wirkt er durch viele Gespräche und Schriften bis zu seinem Tod weiter. Und – es klingt wie im Märchen – es geschieht tatsächlich noch zu seinen Lebzeiten: Auf dem Sterbebett liegend, drei Tage vor seinem Tod, erfährt er, dass die zweite Lesung des Gesetzentwurfs zur Abschaffung der Sklaverei vom Parlament angenommen wurde.

William Wilberforce stirbt am 29. Juli 1833 im Alter von 73 Jahren.
William Wilberforce ist ein Mann mit einem klaren Ziel. Mit einem Lebensthema. Ein Vorbild, das neu zu entdecken sich lohnt. Seine Biografie fordert heraus, den eigenen, bequemen Lebensstil zu überdenken, und macht gleichzeitig Mut, den Kampf für die Würde des Menschen und gegen die Sklaverei weiterzuführen. Heute ist Sklaverei weltweit geächtet, in den meisten Ländern der Erde verboten. Und doch findet sie in neuen Formen und in einem erschreckenden Ausmaß tagtäglich mitten in unserer Gesellschaft statt. Knapp 46 Millionen Menschen sind Opfer von Menschenhandel, sie landen in Arbeitssklaverei und Zwangsprostitution, die organisierte Kriminalität verdient Milliarden. Es braucht mutige Menschen an der Basis wie die Abolutionisten und ausdauernde Politiker wie William Wilberforce, um das gemeinsam zu ändern.

Wie viel ein einzelner dabei bewirken kann, lässt sich treffender nicht ausdrücken als mit den Worten von Geoff Tunnicliffe. Der damalige Direktor der World Evangelical Alliance sagte anlässlich der Vorstellung des Films „Amazing Grace“: „Eine kraftvolle Geschichte, die zeigt, wie ein gläubiger Mensch die kulturelle und soziale Umgebung eines ganzen Landes verändern kann.“

Frank Heinrich, MdB
Gemeinsam gegen Menschenhandel

Filmtipp:
Amazing Grace: Der Mann, der die Welt veränderte, Regie Michael Apted 2006

Lektüreempfehlung:
Eric Metaxas, Wilberforce: Der Mann, der die Sklaverei abschaffte, Stuttgart 2. Aufl. 2013

EIN ZUHAUSE AUF DER KURFÜRSTENSTRAßE – ZUVERSICHT FÜR FRAUEN IN NOT

Unterwegs mit Neustart e.V.

NEUSTART e.V.
Christliche Lebenshilfe

Eine christliche Arbeit unter Frauen in Prostitution
Seit mehr als acht Jahren gibt es am Straßenstrich Kurfürstenstraße in Berlin das Café Neustart. Unser gemütlich eingerichtetes Ladenlokal ist eine wichtige Anlaufstelle für Frauen, die sich im Umfeld der Kurfürstenstraße prostituieren oder prostituieren müssen. In das Kontaktcafé kommen sowohl heroinabhängige Frauen, die sich an der Straße ihre Drogen finanzieren, als auch junge osteuropäische Frauen, die mit Prostitution ihren Lebensunterhalt und den ihrer Kinder und ihrer Familie in den Herkunftsländern bestreiten. Neben den Drogenabhängigen und Armutsprostituierten kommen seit einigen Jahren aber auch vermehrt Frauen, die nach Deutschland „gehandelt" und zur Prostitution gezwungen werden. Noch vor zehn Jahren galt die Kurfürstenstraße als berüchtigter Drogenstrich. Bekannt wurde die Straße durch das Buch und den Film „Christiane F. – Wir Kinder vom Bahnhof Zoo". Seit den EU-Osterweiterungen 2004 und 2007 sind vermehrt Frauen aus Polen, Ungarn, Bulgarien, Rumänien, Tschechien und der Slowakei nach Berlin gekommen, unter ihnen viele Roma und Angehörige anderer Minderheiten aus ärmsten Lebensverhältnissen, meist ohne Schulbildung. Viele von ihnen sind aus einer Not heraus in die Prostitution geraten. In den meisten Bordellen der Stadt, und eben auch hier an der Straße, dominieren die jungen südosteuropäischen Frauen. Im Umfeld der Kurfürstenstraße kommen inzwischen etwa 80 Prozent aus besagten EU-Staaten. Insgesamt stehen im

Bereich der Kurfürstenstraße zu unterschiedlichen Zeiten und über das Jahr verteilt einige Hundert Frauen. Die überwiegende Mehrzahl der Frauen prostituiert sich aus der Not heraus oder wird dazu gezwungen. Frauen, die sich als „selbstbestimmt" oder als „Sexarbeiterinnen" verstehen, sind die absolute Ausnahme.
In unserem Kontaktcafé bekommen die Frauen warme Getränke, belegte Brote, Suppe und Süßigkeiten. Im Winter warme Kleidung. Die Frauen bekommen Unterstützung, wenn sie eine Unterkunft brauchen, werden zu Ämtern und Ärzten begleitet oder im Gefängnis besucht. Wenn sie von Gewalt bedroht sind, vermitteln wir sie an Schutzwohnungen oder Frauenhäuser.
Im Café können sie sich eine Auszeit von der Straße nehmen, über ihre akuten oder ganz persönlichen Probleme sprechen und über ihr Leben nachdenken. Die Mitarbeiterinnen stehen für seelsorgerliche Gespräche zur Verfügung und beten mit den Frauen. Ziel unserer Arbeit ist es, ihnen bei ihrem Ausstieg aus der Prostitution, aus Abhängigkeiten, Süchten und Zwängen zu helfen. Als christliche Einrichtung sind wir davon überzeugt, dass der Glaube ihnen dabei helfen kann. Auch das ist ein Angebot, das sie annehmen können, aber nicht müssen.
Beziehungsarbeit steht bei Neustart im Vordergrund. Wichtig ist uns, mit den Frauen in persönlichen Kontakt zu kommen und ihr Vertrauen zu gewinnen. Sie sollen spüren, dass sie akzeptiert und geachtet werden. Unser ganzes Tun soll Ausdruck von Liebe und Zuneigung sein. Das schätzen die Frauen. Sie merken, dass sie im Café und auf der Straße auf Mitarbeiterinnen treffen, die sie als Menschen sehen, die Interesse an ihnen haben und bei denen sie ihr Herz ausschütten können.

Gerhard Schönborn
Neustart e.V.

U-Bhf Kurfürstenstraße

OPEN
LSD
LOVE SEX DREAMS
new Collection
LSD
LOVE SEX DREAMS
FASHION

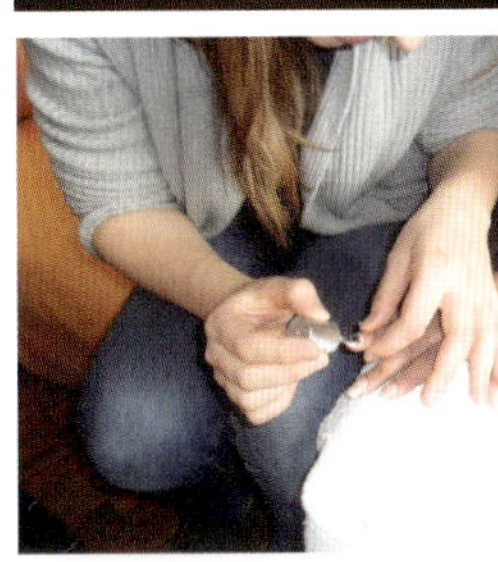

OPFERN VON MENSCHENHANDEL ZU IHREM RECHT VERHELFEN UND TÄTER VOR GERICHT BRINGEN

Unterwegs mit International Justice Mission

IJM

Sanas* Kindheit ist ein Albtraum. Ihr Vatcr ist Alkoholiker und schlägt sie fast täglich. Die 14-Jährige versucht alles, um dem unberechenbaren Zorn des Vaters zu entfliehen, doch die blauen Flecken an ihren Armen zeigen, wie oft sie es nicht schafft.

Eines Abends läuft sie verzweifelt von Zuhause fort und sitzt zusammengesunken am Busbahnhof einer kleinen Stadt im Norden der Philippinen. Wie aus heiterem Himmel kommt eine Frau auf sie zu und fragt: „Kann ich dir helfen?" Sana blickt der Frau ins Gesicht. Dann sprudeln die Worte nur so heraus. Zu ihrer großen Überraschung hat die Frau eine Lösung parat. „Ich arbeite in einer Näherei und könnte dich ausbilden." In Sana macht sich Hoffnung breit. Sie willigt ein und fährt mit der Frau sechs Stunden in die Hauptstadt. Kurz vor dem Ziel bietet die Frau ihr etwas zu trinken kann. Nachdem sie den ersten Schluck nimmt, wird alles schwarz.

Orientierungslos wacht das Mädchen in einem dunklen Raum auf. Sie hört lautes Männergebrüll vor der Tür. Dann geht die Tür auf. Keine Mode, keine Nähmaschinen, keine Perspektive. Zwei Männer stehen vor ihr. Es wird Geld übergeben und

Sana brutal vergewaltigt. Das Bordell wird zu ihrem Gefängnis, in dem sie für die nächsten Jahre täglich bis zu zehn Mal vergewaltigt wird. Sie ist sich sicher, dass ihr niemand helfen will und kann. Der Satz „Ich bin vergessen!“ steht in ihrem Herzen wie eingraviert.

Sana teilt ihr Schicksal nicht nur mit Tausenden Mädchen und jungen Frauen auf den Philippinen, sondern mit Millionen Betroffenen auf der ganzen Welt: Zwangsprostitution ist eine Form von Sklaverei. Eine andere Form ist die Zwangsarbeit in sämtlichen Industriezweigen. Weltweit sind mindestens 36 Millionen Menschen von Sklaverei betroffen.
Trotz unterschiedlicher Formen von Sklaverei sind die Gründe oft ähnlich, warum Menschen überhaupt zu Opfern werden. Nahezu alle Betroffenen gehören zu den Armen ihrer Gesellschaft. Viele von ihnen haben keine Perspektive. Das macht sie verletzbar und anfällig, in die Abhängigkeit von Menschenhändlern, Sklavenhaltern oder Bordellbetreibern zu geraten. Manche werden direkt mit Gewalt in die Sklaverei gestoßen. Ein Großteil jedoch wird, ähnlich wie Sana, durch eine Lüge angelockt. Die Aussicht auf eine Ausbildung oder einen Job klingt so hoffnungsvoll, dass sie kaum jemand abhalten kann, mitzugehen. Sind sie erstmal in den Händen der Täter, ist ein Entkommen nahezu unmöglich.
Menschen in Sklaverei brauchen jemanden, der sie aus ihrer Notsituation befreit und sie in ein selbstständiges und heiles Leben begleitet. Dieser Aufgabe hat sich die Menschenrechtsorganisation International Justice Mission (IJM) in zehn Ländern in Asien, Afrika und Südamerika verschrieben. So konnte Sana glücklicherweise von Ermittlern von IJM gefunden werden. Sie lebt jetzt an einem sicheren Ort und erhält eine psychosoziale Nachsorge.

Einzelbetreuung: Trauma heilen nicht von selbst. Eine Sozialarbeiterin von IJM im Gespräch mit einem betroffenen Mädchen.

Sanas Befreiung ist ein Wunder, doch das allein beendet nicht den Kreislauf von Gewalt und Unrecht. Die Täter würden Sana sofort durch ein neues Mädchen ersetzen, das die gleiche Hölle durchleben muss. Wie können die Täter gestoppt und strafrechtlich zur Verantwortung gezogen werden?

In nahezu allen Ländern dieser Welt ist jede Form von Sklaverei eindeutig verboten. Doch wie Sana haben die meisten Betroffenen keinen Einfluss auf die Durchsetzung ihrer Rechte. Sie haben kein Geld für einen Anwalt; in einer überfüllten Polizeistation werden sie übersehen oder abgewimmelt; sie sind Korruption in Ämtern ausgeliefert, oder können ohne einen Dolmetscher und Schreiber die offiziellen Formulare nicht ausfüllen. Viele Gründe verhindern, dass ihre Unrechtsfälle Gehör finden. Das Problem sind nicht die Gesetze, sondern ihre mangelhafte Durchsetzung.

In jedem Büro von IJM arbeiten deshalb Anwälte und Lobbyisten, die Unrechtsfälle vor Gericht bringen und für angemessene Urteile kämpfen. Das ist eine wichtige Botschaft an die Betroffenen: „Das Gesetz spricht für dich. Die Täter müssen sich für das verantworten, was sie dir angetan haben." Wir schulen Polizisten, Anwälte und Richter, damit sie professioneller arbeiten. Jedes erreichte Urteil ist ein Erfolg, denn es signalisiert der gesamten kriminellen Szene: Menschenhandel und Sklaverei bleiben nicht straffrei.

Anders als in Deutschland geht es in vielen Entwicklungs- und Schwellenländern nicht darum, dass das Gesetz selbst Lücken lässt, sodass Menschenhandel und Zwangsprostitution zunehmen. Die Rechtssysteme haben in sich so große Lücken, dass selbst grundlegende Menschenrechte kaum durchgesetzt werden. Besonders die Ärmsten leiden unter dieser Katastrophe. Um für ihre Rechte einzustehen, brauchen wir weltweit alle Kraft, die wir aufbringen können.

So abstrakt der globale Kampf für die Durchsetzung der Menschenrechte erscheinen mag, so eindringlich müssen wir zusammen die einzelnen Schicksale der Betroffenen hochhalten: Millionen Menschen in Sklaverei warten auf Befreiung. Und wir halten die Hoffnung hoch, dass unser Kampf erfolgreich sein wird. Sana ist eine von ihnen, die uns das beweist.

Judith Kühl
International Justice Mission
www.ijm-deutschland.de

*Aus Schutzgründen verwenden wir ein Pseudonym.

Damit Unrecht gestoppt wird, bildet IJM Polizisten weiter, Fälle von Menschenhandel professionell zu verfolgen.

Zusammen mit der Polizei befreit IJM Mädchen und junge Frauen aus einem philippinischen Bordell.

Mädchen in der Nachsorge: Sozialarbeiterinnen von IJM begleiten Betroffene in einer zweijährigen psychosozialen Nachsorge.

Ich möchte einfach nur ein neues Leben beginnen! – Susanna

Susanna kommt aus Rumänien und gehört der dortigen Roma-Minderheit an.
Sie wuchs mit fünf Geschwistern auf. Schulbildung hat sie keine genossen, da ihre Eltern sie nach nur einem Monat wieder aus der Schule abmeldeten. Sie wollten sie ohnehin früh verheiraten, wozu dann Schule?
Tatsächlich musste sie mit bereits 12 Jahren vor den Traualtar treten. Mit ihrem ersten Mann Mirko blieb sie dreizehn Jahre zusammen. Mit gerade mal 15 bekam sie ihr erstes Kind, dem noch zwei weitere folgten.
Die Ehe mit Mirko war schwierig. Nach kurzer Zeit begann er, ihr Handy zu kontrollieren aus Angst, sie könnte Kontakt mit anderen Männern haben. Manchmal trank er zu viel, und dann schlug er sie. Einmal war es besonders schlimm: Ihr Gesicht war entstellt und blutete, außerdem hatte sie Verletzungen am Hals und am Rücken. Susanna wollte ihn verlassen, doch er versprach ihr unter Tränen, so etwas nie wieder zu tun. Also blieb sie bei ihm.
Doch das Versprechen sollte er, wie so viele Ehemänner in vergleichbaren Situationen, nicht halten. Wieder schlug er seine Frau in einem Tobsuchtsanfall blutig. Wieder wollte sie ihn verlassen, um bei ihrer weit entfernt lebenden Mutter unterzukommen, doch wieder lässt sie sich überreden, bei ihm zu bleiben. Erst als er sie das dritte Mal verprügelt, macht sie ernst und verlässt ihn.
Anschließend lebte Susanna bei ihren Eltern. Nach sechs Monaten lernt sie einen Mann kennen, den sie einige Zeit später auch heiratet. Die beiden kommen nach Deutschland,

wo sie den Schikanen ihrer Schwiegermutter nichts entgegenzusetzen hat. Trotz der gegenseitigen Liebe zueinander zerbricht die Beziehung. Als ihr Bruder operiert wird, fährt sie nach Rumänien, um ihn zu besuchen, und kehrt – auch durch Druck von ihrer Familie – anschließend nicht wieder nach Deutschland zurück.
Bald heiratet sie zum dritten Mal. Diese Ehe ist wiederum dem Einfluss ihrer Familie geschuldet. Dieses Mal gerät sie endgültig an den Falschen. Der Mann schlägt sie nicht nur, sondern zwingt sie auch, sich zu prostituieren. Sie erzählt, dass sie manchmal zehn Freier an einem Tag bedienen musste und viele davon aggressiv waren. Sie hielt sich oft von 20 Uhr bis 6 Uhr auf der Straße auf.
Mehrere Male kam sie in große Lebensgefahr. Einmal hielt ein Wagen mit vier Freiern bei ihr. Da Susanna an diesem Tag noch nicht genügend Geld verdient hatte, stieg sie trotz ihrer Angst in das Fahrzeug. Der Wagen fuhr schnell davon, und als

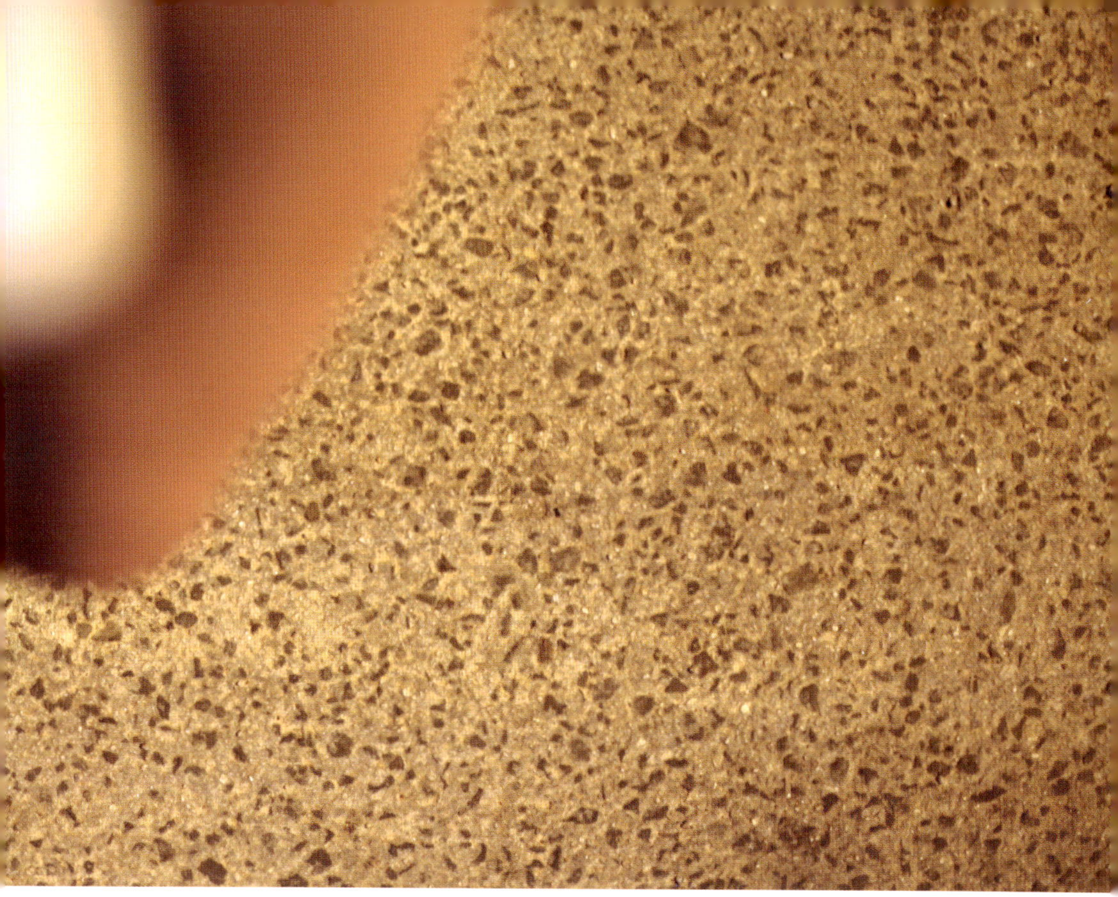

das Auto hielt, standen sie in einem dunklen Waldweg. Einer nach dem anderen fielen die Kerle über sie her. Sie rissen ihr die Bluse vom Körper, ihre Hose riss, und auch die Unterwäsche wurde zerfetzt. Sie vergewaltigten Susanna immer und immer wieder. Schreien war aussichtslos. Am Ende, nach vielen Stunden der Demütigung, lag sie am Waldrand und hatte weder Geld noch Kleidung bei sich! Die Männer hatten sie einfach ausgesetzt. Blutend und heulend rannte sie an die nächste Straße. Dort fand sie ein LKW-Fahrer, der sie mitnahm und zur nächsten Stadt brachte.

Susanna laufen immer wieder die Tränen, wenn sie von den endlosen Vergewaltigungen erzählt. „Ich möchte nichts mehr dazu sagen! Ich möchte einfach nur ein neues Leben beginnen!", beendet sie diese Gespräche bald.

Inzwischen sind ihre beiden Eltern gestorben. Susanna kehrte nach Deutschland zurück, wo sie sich aus Geldnot für ein Jahr und drei Monate prostituiert. Endlich bekam sie Kontakt zu

einer Sozialarbeiterin, die ihr versprach, eine Hilfsorganisation zu finden, wo sie frei leben könnte. So kam Susanna zu Mission Freedom nach Hamburg.
Sie kam alleine angereist und fiel der Leiterin der Arbeit, Gaby Wentland, buchstäblich in die Arme. Sie stammelte „Mama, Mama", denn sie vermisste ihre Mutter so sehr.
Ihre Ankunft gestaltet sich zunächst sehr schwierig. Sie traute niemandem und wollte unbedingt sofort arbeiten. Aber ihre fehlende Schulausbildung musste dringend nachgeholt werden. Inzwischen war sie 28 Jahre alt, und ihre Deutschkenntnisse waren extrem schlecht.
Die Schulausbildung ist bis heute schwierig. Susanna ist nicht sehr clever, und ihre Lernleistung ist schwach. Dennoch wühlt sie sich jeden Tag durch die endlosen Vokabeln und lernt, so gut sie kann. Sie hat verstanden, dass es nur über Bildung geht.
Wir unterstützen sie, so gut wir können. Täglich bekommt sie Nachhilfe und Sprachunterricht. Um endlich Geld zu verdienen, arbeitet sie in einem Restaurant, spült Geschirr und ist Küchenhilfe. Sie macht ihre Arbeit hervorragend. Susanna ist pünktlich, liebevoll, sehr schnell in ihrer Arbeit und glücklich über diese Möglichkeit, eigenes Geld zu verdienen.
Inzwischen hat sie eine eigene Wohnung bezogen. Sie ist glücklich, denn sie darf zum ersten Mal in ihrem Leben alleine entscheiden, was sie tut und was sie isst. Sie kann nach Herzenslust kochen und Gäste bewirten. Sie baut schnell Kontakt mit ihren Nachbarinnen auf und genießt ihr neues Leben sehr.
Immer, wenn sie von ihrer Vergangenheit erzählt, rollen die Tränen. Besonders schwer fällt ihr die Trennung von ihren Töchtern! Wie gerne würde sie sie sehen. Inzwischen sind sie Teenies und vielleicht schon verheiratet. Leider darf sie sie nicht sehen, denn ihre Familie würde sie sofort zur Arbeit

zwingen, und sie müsste sich wieder prostituieren. Das will sie nie wieder tun.
Das letzte Silvesterfest war sehr speziell: Susanna wollte nicht feiern. Dennoch besuchte Gaby sie um Mitternacht, um ihr zu gratulieren und ein gutes neues Jahr zu wünschen. Susanna hatte sich feingemacht, ihr Zimmer dekoriert und ein großes rumänisches Festessen gekocht, von dem sechs Personen satt geworden wären.
Als Gaby sie fragte, warum sie diesen Tag so feiere, obwohl sie keine Gäste habe, antwortete sie: „Ich habe achtzehn Jahre Elend und Schmerzen hinter mir. Heute feiere ich Abschied von meinem alten Leben. Morgen komme ich als neue Frau aus meiner Wohnung heraus!"
Bei Gaby flossen die Tränen. Zu gut verstand sie das. Susanna hatte ihr Leben nicht nur abgeschlossen, sondern ein neues Leben angenommen.
Susanna ist tatsächlich eine fröhliche Frau geworden. Sie spart ihr weniges Geld für eine neue, größere Wohnung und für eine Zukunft mit einem Mann, den sie heiraten und mit dem sie noch einmal ein glückliches Leben beginnen möchte. Noch hat sie einen weiten Weg vor sich, aber sie ist fest entschlossen – dieses Mal wird es anders werden. Und eines Tages hofft sie darauf, dass ihre Töchter zu ihr kommen, weil sie erwachsen sind und Sehnsucht nach ihrer richtigen Mutter haben!
Susanna hilft inzwischen bei Mission Freedom freiwillig mit, denn ihre rumänische Sprache wird immer wieder gebraucht. Sie übersetzt, kümmert sich um neue Frauen und hilft ihnen, den schweren Weg aus der Zwangsprostitution zu finden. Wir sind stolz auf sie!

Gaby Wentland
Mission Freedom

ALLES, WAS RECHT IST? RECHTLICHE DEFIZITE BEIM THEMA MENSCHENHANDEL

„Wer also Menschenhandel und Zwangsprostitution – zu Recht – als schwere Verletzungen der Menschenrechte verurteilt, der sollte endlich einmal etwas für die Opfer unternehmen – und nicht nur reden."

Prof. Dr. Joachim Renzikowski, Inhaber der Professur für Strafrecht und Rechtsphilosophie / Rechtstheorie an der Martin-Luther-Universität Halle-Wittenberg, ist ein Freund klarer Worte. Das zeigt dieses Zitat aus einem Beitrag, den er 2013 für das erste GGMH-Magazin verfasste.

Seit dem Erscheinen des Artikels ist einiges geschehen. Der Gesetzgeber ist aktiv geworden. Im März 2016 stellte die Bundesregierung den Entwurf eines neuen Prostituiertenschutzgesetzes und des „Gesetzes zur Umsetzung der Richtlinie 2011/36/EU des Europäischen Parlaments und des Rates vom 5. April 2011 zur Verhütung und Bekämpfung des Menschenhandels und zum Schutz seiner Opfer" vor.
Das ist ein Schritt in die richtige Richtung, doch wir sehen weiterhin rechtliche Defizite beim Thema Menschenhandel.

Bevor wir auf diese Mängel näher eingehen, zunächst ein gestraffter Überblick über die rechtliche Situation.

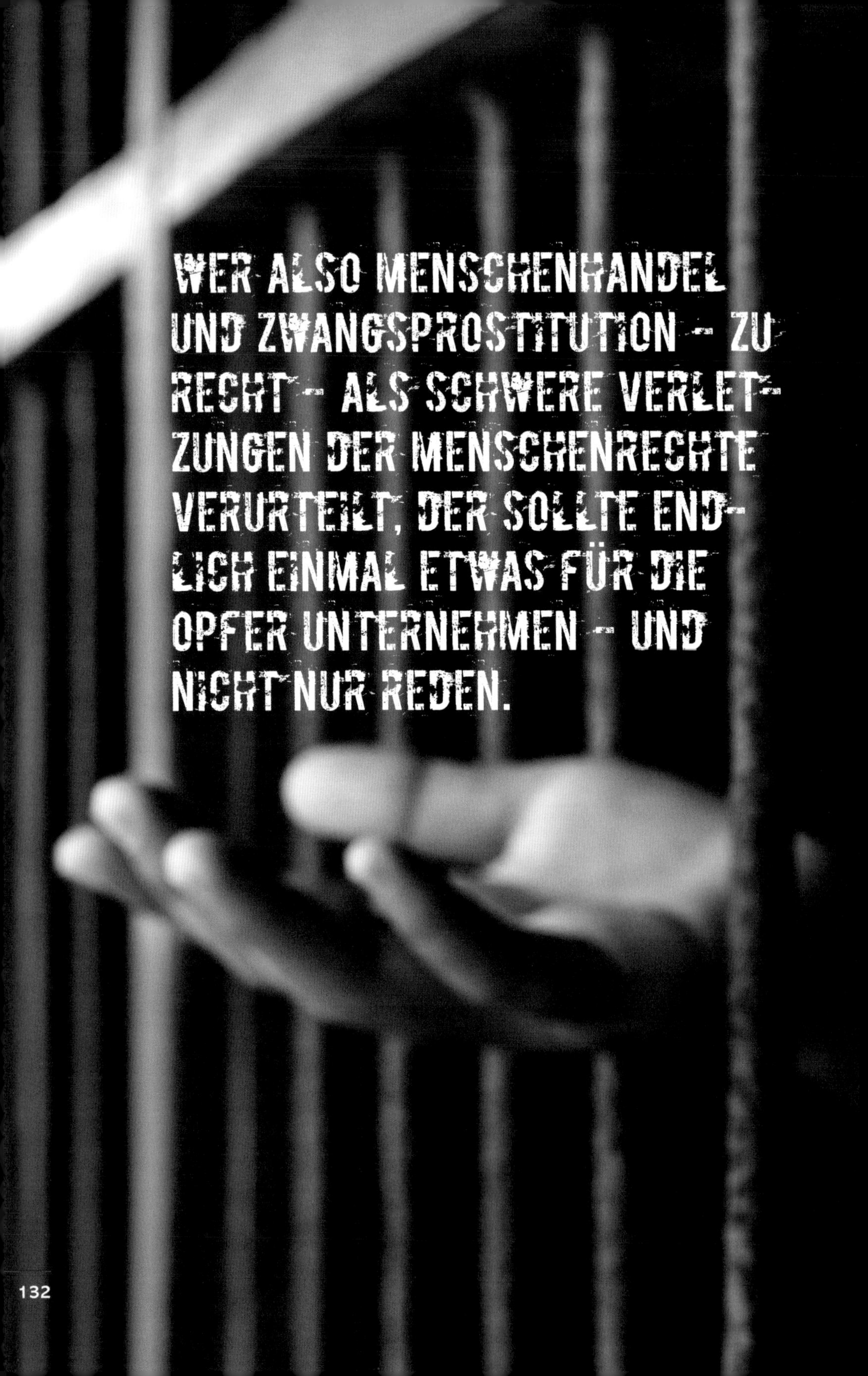

WER ALSO MENSCHENHANDEL UND ZWANGSPROSTITUTION – ZU RECHT – ALS SCHWERE VERLETZUNGEN DER MENSCHENRECHTE VERURTEILT, DER SOLLTE ENDLICH EINMAL ETWAS FÜR DIE OPFER UNTERNEHMEN – UND NICHT NUR REDEN.

1) Menschenrechtliche Instrumente gegen den Menschenhandel: UNO- und EU-Konventionen

Die Bekämpfung von Menschenhandel braucht sowohl eine menschenrechtliche als auch eine strafrechtliche Grundlage. Das grundlegende und damit wesentliche menschenrechtliche Instrument gegen den Menschenhandel ist das im Jahr 2000 von den Vereinten Nationen verabschiedete „Zusatzprotokoll zur Verhütung, Bekämpfung und Bestrafung des Menschenhandels, insbesondere des Frauen- und Kinderhandels". Es ist insofern ein Zusatzprotokoll, als es im Rahmen der „UN-Konvention gegen die grenzüberschreitende organisierte Kriminalität" verfasst wurde.

Die positive Wirkung des UN-Protokolls ist offensichtlich. Seit seinem Inkrafttreten haben viele Staaten ihre Anstrengungen im Kampf gegen den Menschenhandel deutlich verstärkt. 80 Prozent aller in dem Bericht vermerkten Länder änderten ihre Gesetze bis zum November 2008 und stellten Menschenhandel unter Strafe.

In Europa wurde am 5. April 2011 die „Richtlinie 2011/36/EU des Europäischen Parlaments und des Rates zur Verhütung und Bekämpfung des Menschenhandels und zum Schutz seiner Opfer" beschlossen. Die Schwerpunkte dieser Richtlinie liegen auf dem Schutz der Opfer, und dabei besonders dem Schutz von Minderjährigen, sowie im Bereich Prävention. Diese Richtlinie sollte bis 2013 in nationales Recht umgewandelt worden sein. In Deutschland ist diese Umsetzung wegen – so muss man es wohl nennen – politischer Querelen bisher nicht erfolgt. „Als der Bundesrat am 20.9.2013 das Gesetz zur Bekämpfung des Menschenhandels und Überwachung von Prostitutionsstätten (BT-Drs. 17/13706) faktisch verhinderte, stand fest, dass Deutschland wieder einmal Vorgaben

der EU zum Menschenhandel nicht fristgerecht umsetzen würde“ (Renzikowski).
Mit dem neuen Prostituiertenschutzgesetz und dem weiteren Gesetz zur Umsetzung der Richtlinie soll die EU-Vorgabe, nach dem Durchlaufen des parlamentarischen Prozesses, nun bis 2017 umgesetzt werden.

2) Die strafrechtliche Perspektive
Menschenhandel steht in Deutschland seit dem 4. Strafrechtsreformgesetz von 1973 unter Strafe. Im Jahr 1992 wurde die Strafbarkeit ausgeweitet und erstmals eigene Tatbestände mit einer entsprechenden Bezeichnung des Unrechts geschaffen. Seit der Reform von 2005 sind insoweit die europäischen und internationalen Vorgaben im deutschen Recht im Wesentlichen umgesetzt.
Im deutschen Strafgesetzbuch befassen sich zwei Paragraphen explizit mit der Ausbeutung von Menschen. Die Paragraphen § 232 StGB (zum Zweck der sexuellen Ausbeutung) und § 233 StGB (Ausbeutung der Arbeitskraft).

Wo liegen nun die rechtlichen Defizite im Bereich Menschenhandel?
Dazu noch einmal Joachim Renzikowski: „Die wahren Probleme liegen woanders, nämlich beim Umgang mit den Opfern. Hier erweist sich Deutschland nicht gerade als ein Musterknabe. Wichtige menschenrechtliche Standards (vgl. insbesondere die Europaratskonvention Nr. 197) werden immer noch nicht eingehalten, auch wenn man kleine Fortschritte beim Opferschutz nicht leugnen kann. Das zentrale Defizit ist jedoch, dass der Opferschutz mit dem Strafverfahren gekoppelt ist: Wer sich als Zeuge zur Verfügung stellt, erhält eine gewisse Unterstützung und Betreuung, aber nur, solange das Opfer

gebraucht wird. Wenn der Täter nicht ermittelt werden kann oder wenn das Strafverfahren abgeschlossen ist, dann wird das Opfer wieder in sein Heimatland geschickt – und damit genau in die Situation, die erst zu seiner Ausbeutung geführt hat. Ein humanitäres Aufenthaltsrecht, wie es etwa Italien kennt, ist überfällig. Seit wann muss man sich die Menschenrechte erst verdienen?
Aber auch die staatliche Unterstützung vieler Opfer kann man nur als erbärmlich bezeichnen. Das Sachleistungsprinzip nach dem Asylbewerberleistungsgesetz reicht bei weitem nicht aus, um etwa eine intensive psychosoziale Betreuung zu bezahlen. Die entsprechenden Kosten übernehmen Hilfsorganisationen wie Solwodi, Karo, Vera und andere, die dann mit den staatlichen Behörden um eine Kostenübernahme streiten müssen und denen in vielen Bundesländern aus Haushaltsgründen die Förderung gekürzt wird.
Für Opfer aus der EU, die den größten Teil ausmachen, stellt sich die Situation zwar rechtlich etwas besser dar, weil sie einen Aufenthaltsstatus haben und an sich nach den Regeln des deutschen Sozialrechts anspruchsberechtigt sind. Aber die Praxis der Behörden steht auf einem ganz anderen Blatt."
Betroffene von Menschenhandel sind oft in einer Doppelrolle. Sie werden normalerweise als Beschuldigte (Straftatbestän-

de: illegaler Aufenthalt bzw. keine Arbeitserlaubnis) und als potenzielle Zeugen von Menschenhandel vor Gericht vernommen. Menschenhandelsopfer haben das Recht auf eine 30-tägige Duldung, während der sie überlegen können, ob sie eine Aussage machen wollen. Selbst, wenn ein Opfer aussagt, ist seine Aufenthaltsgenehmigung nach Abschluss des Strafverfahrens nicht gesichert. Nach dem Prozess wird das Opfer wieder sich selbst überlassen, was unter Zeugenschutzgesichtspunkten eine Gefährdung des Opfers mit sich bringt. Anders handhabt es beispielsweise Italien, wo dem Opfer von Menschenhandel eine sechsmonatige Bleibefrist eingeräumt wird, um über eine Aussage zu entscheiden.

Die besondere rechtliche Situation von Kindern

Da nach Statistiken des Bundeskriminalamtes 56 Prozent der Opfer von Menschenhandel unter 21 Jahre alt sind, kommt der rechtlichen Stellung von Kindern und Jugendlichen ein besonderes Augenmerk zu. Menschenrechtliche Grundlage ist die UN-Kinderrechtskonvention (KRK), da sie den Schutz Minderjähriger festschreibt. Im Rahmen des Ratifikationsprozesses bezeichnete die deutsche Regierung die KRK als einen „bemerkenswerten Schritt in der Entwicklung des internationalen Rechts". Zum ersten Mal in der Geschichte wurden die Rechte des Kindes so umfassend und weitreichend festgelegt. Mit Artikel 34 und 39 KRK verpflichten sich die Unterzeichnerstaaten dazu, die Ausbeutung von Kindern zur Prostitution zu bekämpfen, sie vor sexuellem Missbrauch und vor Ausbeutung zu schützen und einem Opfer von Kinderhandel die physische und psychische Rehabilitation zu ermöglichen. UNICEF benennt drei wichtige Merkmale einer erfolgreichen Politik gegen Kinderhandel: Vorbeugung, Schutz der Rechte von Kindern und Empowerment. Empowerment beinhaltet

etwa die Beteiligung von Opfern bei Entscheidungsfindungen, bezogen auf die Wiedereingliederung im Herkunftsland.

Sehr wichtig ist in diesem Zusammenhang die Möglichkeit einer Strafaussetzung. Oft sind Opfer von Kinderhandel zu strafbaren Handlungen gezwungen worden, deshalb dürfen sie selbst dafür nicht bestraft werden. Auf diese Weise sollen die Menschenrechte von minderjährigen Opfern geschützt und ihre weitere Viktimisierung vermieden werden. Zudem werden Kinder dadurch ermutigt, in Strafverfahren gegen Täter vor Gericht auszusagen.
Vom Menschenhandel betroffene „Unbegleitete Minderjährige Ausländer“ (UMA), also Kinder, die von ihrer Familie getrennt nach Deutschland kommen, sollen nach Maßgabe des Kinder- und Jugendhilfegesetzes genau wie einheimische Kinder in Betreuungseinrichtungen behandelt und betreut werden. Ein Aufenthalt in Erstaufnahmeeinrichtungen und Gemeinschaftsunterkünften ist hierfür nicht geeignet.
Für UMA und ebenso für Kinder, bei denen vermutet werden kann, dass die Eltern mit in den Handel involviert sind, ist ein Vormund zu bestellen.

UNICEF BENENNT DREI WICHTIGE MERKMALE EINER ERFOLGREICHEN POLITIK GEGEN KINDERHANDEL: VORBEUGUNG, SCHUTZ DER RECHTE VON KINDERN UND EMPOWERMENT.

Oft veranlassen Menschenhändler Kinder dazu, ein höheres Alter anzugeben, um sie leichter über die Grenze zu bringen, sie zur Arbeit zu zwingen oder um zu verhindern, dass sie in eine Betreuungseinrichtung kommen.
UMA sind besonders gefährdet, Opfer von Kinderhandel zu werden, da sie keinerlei Schutz durch Erwachsene erfahren. Hinzu kommt, dass sie ab 16 Jahren als handlungsfähig und nach § 80 des Aufenthaltsgesetzes und § 12 des Asylverfahrensgesetzes als Erwachsene gelten, und asylrechtlich wie Erwachsene behandelt werden. Daher werden die Asylverfahren bei über 16-Jährigen ohne Beistand und die zahlreichen Befragungen ohne Vormund durchgeführt.
Dabei müssen Opfer von Menschenhandel eigentlich bis zum 18. Lebensjahr als Kind behandelt werden. Die Schätzung des Alters ist allerdings oft problematisch. Wenn keine Dokumente vorhanden sind und das Alter geschätzt werden muss, sollte auf jeden Fall zugunsten des Kindes entschieden werden.
Im Gegensatz zu erwachsenen Betroffenen von Menschenhandel muss bei Kindern kein Mittel wie Gewalt, Täuschung oder Betrug angewendet worden sein, um sie als Opfer anzuerkennen. Eine vorherige Zustimmung des Kindes ist irrelevant für die Qualifikation des Falles als Kinderhandel. Es liegt auch dann Ausbeutung eines Kindes vor, wenn keine weitere Person (etwa ein Bordellbetreiber oder ein Elternteil) mitbeteiligt ist.

Gesetzesentwürfe 2016

Zu nennen als neue Gesetzesentwürfe sind das Prostituiertenschutzgesetz und das „Gesetz zur Umsetzung der Richtlinie 2011/36/EU des Europäischen Parlaments und des Rates vom 5. April 2011 zur Verhütung und Bekämpfung des Menschenhandels und zum Schutz seiner Opfer".

Wie bereits erwähnt, nimmt die Umsetzung der EU-Richtlinie zur Bekämpfung des Menschenhandels durch die neuen Beschlüsse der Großen Koalition Gestalt an.
Im Prostituiertenschutzgesetz werden einige dringend erforderlichen Maßnahmen zum Schutz der Frauen, wie etwa ein Verbot „menschenunwürdiger Geschäftsmodelle", eine Gesundheitsberatung oder eine Kondompflicht, auf den Weg gebracht. Im Entwurf zur Umsetzung der EU-Richtlinie zu Menschenhandel ist u.a. eine Bestrafung von Sexkäufern vorgesehen, die wissentlich und willentlich Betroffene von Menschenhandel missbrauchen.

Doch leider gibt es immer noch weiteren Handlungsbedarf. Wir halten etwa angesichts der hohen Opferzahl von unter 21-Jährigen eine Heraufsetzung des Schutzalters auf 21 Jahre für notwendig.
Eine breite gesellschaftliche Debatte betrifft das sogenannte „Nordische Modell", das auch unter den Mitgliedern von GGMH diskutiert wird. Eine Mehrheit fordert, dass es in Deutschland ein ähnliches Gesetz wie in Frankreich geben sollte: Das französische Parlament hat am 6. April eine „Freierbestrafung" beschlossen, also ein generelles Verbot von Sexkauf, bei dem die Sexkäufer bestraft und nicht die Frauen kriminalisiert werden, wie es in Schweden bereits seit einigen Jahren praktiziert wird.

Fazit

Menschenhandel ist eine massive Verletzung der Menschenrechte und verlangt nach rechtlichen Gegenmaßnahmen. Besonders die Opfer sind dabei in den Mittelpunkt zu stellen. Zur Identifizierung, Weitervermittlung, Rechtsberatung und Hilfe für die Opfer sowie zu ihrem Schutz sind solide gesetzliche Regelungen und praktikable Maßnahmen nötig.
Für die Bekämpfung des Menschenhandels und die strafrechtliche Verfolgung der Täter sind Anstrengungen zur Verhütung und zum Schutz genauso nötig, wie eine Verstärkung der Zusammenarbeit zwischen den unterschiedlichen Institutionen.

Die neuen Gesetze nehmen die Vorgaben der EU-Richtlinie auf, können aber dennoch nur ein erster Schritt auf dem Weg sein, Menschenhandel rechtswirksam zu unterbinden.

Christine und Uwe Heimowski

EIN ECHTES WUNDERMÄDCHEN – FRIEDA

Vor mehreren Jahren stand eine junge Frau aus einem osteuropäischen Land in Hamburg auf dem Straßenstrich. Sie sah sehr müde aus, sechs Jahre harte, erbarmungslose Sexarbeit lagen bereits hinter ihr. Ihr Zuhälter, gleichzeitig ihr „Ehemann", war über 30 Jahre älter als sie und konnte sich mit dem Verdienst gut durchschlagen. Eine Streetworkerin aus St. Georg sah das Elend, konnte aber nie an diese junge Frau herankommen, da sie ständig bewacht wurde.

Irgendwann war die Frau aus St. Georg verschwunden. Sie war einfach weg. Und die Streetworkerin fing an zu beten: „Lieber Gott, hilf ihr bitte! Lass sie Hilfe bekommen."
Das ungleiche Pärchen verschwand in eine andere deutsche Stadt. Dort begegnete der Frau ein anderes Straßenteam, mit dem Mission Freedom gut zusammenarbeitet. Auch denen fiel ihr schlechter Zustand auf. Sie war inzwischen verletzt, hatte geschwollene Beine und litt unsagbar. Sie boten Tee und Gespräche an, bis ein beherzter Taxifahrer dem Elend ein Ende machte und sie auf einer Fahrt einfach in das nächste Krankenhaus brachte und bei den verdutzten Ärzten ablud. Auch meldete er den Vorfall dem Straßenteam, das sofort nach ihr sah.

Nun war es einfach, man konnte mit ihr reden und sie einladen, in ein sicheres Haus zu gehen. Sie willigte ein, und kurze Zeit später kam sie in das Mission Freedom Home. Das Team von Mission Freedom war geschockt, denn Frieda litt unter ständigen Anfällen von Epilepsie und war in einem wirklich schlimmen Zustand. Sie brachten sie schnellstmöglich in eine gute Klinik, wo sie endlich richtig behandelt wurde. Nach drei Wochen stand eine völlig veränderte Person vor ihnen. Frieda hatte gelernt, sich frei zu bewegen, sie war wesentlich selbstbewusster als vorher und konnte mit Hilfe der starken Medikamente ein fast freies Leben führen.

Als nächstes konnten Therapie und Sprachschule beginnen. Sie genoss die Schule besonders, hatte sie doch noch nie zuvor ein solches Privileg genossen. Sie ging sogar selbstständig zur weit entfernten Sprachschule und lernte immer besser, im deutschen System ihren Weg zu finden. Heute erkennt man sie kaum wieder … sie ist ein echtes Wundermädchen! Sie lernte, lachte und fing tatsächlich an, von einer guten Zukunft zu träumen!
Eines Tages beschlossen wir, dass wir eine gute Bleibe für sie in ihrem Heimatland finden wollten. Wieder einmal kam unser Netzwerk ins Spiel: Wir entdeckten eine Anlage der Caritas in ihrer Heimat, die speziell für Frauen in sehr schweren Lebenslagen gebaut worden war. Dort meldeten wir sie an. Die dortige Organisation freute sich über ihre Bereitschaft, nach Jahren wieder in die Heimat zu ziehen, und hieß sie herzlich willkommen.
Ihre Abfahrt in Hamburg gestaltete sich sehr spannend, denn wir verpassten den Zug um drei Minuten, entdeckten aber, dass die Streetworkerin, die für sie jahrelang gebetet hatte, zufällig vor Ort war und jetzt noch mit ihr Abschied feiern konnte. Und der zweite Zug fuhr zufällig auch noch durch die Stadt, wo man sie gerettet hatte, und auch dort hatte sie noch einmal fast vier Stunden Aufenthalt. Sie traf das ganze dortige Straßenteam und feierte auch von ihnen Abschied. Es war eine tränenreiche Reise für alle Beteiligten und mit einem glücklichen Empfang in ihrer Heimat, wo sie heute in Frieden leben kann.

Gaby Wentland
Mission Freedom

Loverboys:

VOM TRAUM- ZUM ALBTRAUMPRINZEN

Loverboy ist ein positiv klingender, aber unpassender Begriff, um einen Menschenhändler zu beschreiben, der die Liebe als Köder nutzt, um Mädchen in die Prostitution zu locken. In vielen Ländern überall auf der Welt täuschen gut aussehende junge Männer (ca. 19-35 Jahre) Mädchen und jungen Frauen (ca. 11-21 Jahre) die große Liebe vor – mit einem einzigen Hintergedanken: Sie soll für ihn anschaffen gehen. Loverboys lernen ihre Opfer überall dort kennen, wo junge Menschen sich aufhalten: Im Kino, in der Disko, in Fast Food-Restaurants, in Einkaufszentren, vor der Schule und vor allem online.

Zuhälter haben schon immer die Liebe missbraucht, um Mädchen für die Prostitution zu finden. Was macht die aktuelle Loverboy-Problematik anders? Ob in den sozialen Netzwerken oder mit Hilfe von verschiedenen Flirt-Apps am Handy, das Internet macht es möglich, viele Frauen auf einmal anzusprechen. Das zeitintensive und mühevolle Absuchen von Busbahnhöfen und Einkaufszentren auf der Suche nach Ausreißerinnen, das die Menschenhändler und ihre Schergen früher machen mussten, wird immer mehr am PC oder Smartphone erledigt. So war es zum Beispiel bei der 15-jährigen Monika*, die ihren Loverboy auf Lovoo kennenlernte. Zuerst sprach er sie auf ihr süßes Profilbild an. Monika war von seinen Komplimenten geschmeichelt, und so begannen sie täglich mehrere Stunden zu chatten. Der Loverboy schickte ihr auch Nacktfotos von sich und wollte auch welche von Monika haben. Später nutzte er die Fotos, um sie zu erpressen. Loverboys haben so die Möglichkeit, auf ihre Opfer Einfluss zu nehmen, bevor sie sie überhaupt zu Gesicht bekommen.

Im Internet können sie Probleme stiften, wo es keine gibt, und ein viel breiteres Spektrum an Mädchen ansprechen. Besonders junge, unerfahrene Frauen, die Schwierigkeiten in der Schule, zu Hause oder bei sich selbst sehen, sind durch die übertriebene Zuneigung des Loverboys gefährdet. Es spielt keine Rolle, aus welcher sozialen Klasse die Mädchen kommen.

Leider gibt es noch keine empirischen Daten zur Loverboy-Problematik.

Der Loverboy ist geduldig. Er investiert die nötige Zeit in die junge Frau, damit sie glaubt, dass sie die wahre Liebe gefunden hat. Er überhäuft sie mit Aufmerksamkeit, Komplimenten und Geschenken. Er scheint alle Zeit der Welt für sie zu haben. Sie machen alles zusammen: Sie gehen ins Kino, ins Restaurant und auf Partys, wo sie seine Freunde kennenlernt und vielleicht erste Berührungen mit Drogen erfährt, denn Drogen können später vom Loverboy zur Kontrolle des Opfers eingesetzt werden. Es kann sein, dass sie hier bereits erste Berührungen mit dem Rotlicht-Milieu durch Bekannte des Loverboys hat, die Zuhälter oder Prostituierte sind. Wenn ja, achtet der Loverboy darauf, dass diese Erfahrungen positiv sind und dass ihr diese verbotene Welt aufregend und cool erscheint.

Der Loverboy ist romantisch, leidenschaftlich, eifersüchtig und stellt das Mädchen in den Mittelpunkt. Aber auch er wird zu ihrem Mittelpunkt. Der Loverboy achtet darauf, dass sie immer weniger Zeit mit ihrer Familie und Freundinnen verbringt und sich sozial isoliert, damit seine Manipulation nicht auffällt. Auch wenn beide nicht physisch zusammen sind, ist sie auf dem Handy ständig für ihn erreichbar. Um die psychologische Bindung zu verfestigen, schlafen sie auch miteinander. Sie fangen an, Pläne für die Zukunft zu schmieden. Alles ist perfekt.

Ist das Mädchen glücklich und verliebt, kann es an die nächste Phase herangeführt werden: Der Loverboy fabriziert eine finanzielle Krise. Er schuldet jemandem viel Geld, und wenn er nicht schnell liefern kann, passiert etwas Schlimmes. Oder der Loverboy malt ihr eine glückliche Zukunft vor, für die ihnen

nur noch das Geld fehlt. Wie können sie das auftreiben? Es kann sein, dass beide auf die Idee kommen, sie könnte sich prostituieren oder mit seinen Freunden schlafen. Schon seit einer Weile ist sie konditioniert, die Welt der Prostitution als glamourös zu empfinden. Es kann auch sein, dass es seine Idee ist und sie erst mal „überzeugt" werden muss. Sobald die Hemmschwelle gesunken ist und das Mädchen einwilligt, sich ein- oder mehrere Male zu prostituieren, um die Schulden zu begleichen, ist es kein großer Schritt mehr, sie vom Weitermachen zu überzeugen.
Falls das Mädchen nicht mehr will, wendet sich das Blatt, und die wahre Natur des Loverboys kommt zum Vorschein. Er ist ein Menschenhändler und zwingt sie. Aber immer mit der richtigen Mischung aus Zuckerbrot und Peitsche.

Für die 18-jährige Samantha* traf dies genau so zu. Um ihren „Freund" von seinem Schuldenberg zu befreien, hat sie eine Nacht Freier in seiner Wohnung empfangen. Danach war der Loverboy von ihrem Verdienst begeistert, sodass er Samantha versuchte zu überzeugen, weiterzumachen. Samantha wollte aber nicht, und daraufhin wurde sie von ihrem Freund in die Wohnung gesperrt, bis sie schließlich einwilligte. Ununterbrochen hat der Loverboy auf sie eingewirkt, jegliche Kommunikation mit der Außenwelt verhindert, auf sie eingeschlagen, ihr den Schlaf entzogen und ständig auf sie eingeredet, was sie alles zusammen machen könnten, wenn sie sich weiter prostituierte. Zeitweilig schien er auch sehr liebevoll, massierte sie oder brachte ihr ihr Lieblingsessen. Nach 14 Tagen willigte sie ein.

Ein Loverboy-Opfer befindet sich in einem Zustand andauernder emotionaler Gegensätze. Mal ist ihr Freund liebevoll und zart, mal ist er furchteinflößend und gewalttätig. Als Schutzmechanismus rechtfertigt das Mädchen sein Verhalten oder sucht die Schuld bei sich, wie es auch Opfer häuslicher Gewalt tun. Sie identifiziert sich auch teilweise mit ihrem Peiniger und ist dankbar für jede gezeigte Zuwendung, ähnlich dem Stockholm-Syndrom.

Seit dem Jahr 2003 zeichnete sich im jährlichen Bericht „Bundeslagebild Menschenhandel" des Bundeskriminalamtes ein alarmierender Trend bei Opfern des Menschenhandels zum Zwecke der sexuellen Ausbeutung ab. Die Anzahl der von der Polizei aufgedeckten deutschen Opfer stieg, und in den Jahren 2006 bis 2010 bildeten sie sogar die größte Gruppe. Ab 2011 sind deutsche Opfer immer noch unter den ersten drei Opfergruppen. In einer Expertise von 2010 zu den deutschen Opfern bestätigte der Bundesweite Koordinierungskreis gegen Menschenhandel (KOK) e.V. somit das, was Praktiker schon seit Jahren festgestellt hatten. Dabei geraten deutsche Opfer des Menschenhandels zum Zwecke der sexuellen Ausbeutung mehrheitlich in jungen Jahren in eine psychische Abhängigkeit zu einem „Loverboy" und dann in die Zwangsprostitution.

Präventionsarbeit ist wichtig

Wer Jugendliche in seinem Umfeld über die Loverboy-Methode aufklären will, kann einen ersten Zugang zu dem Thema durch Berichterstattung in den Medien finden, wo es immer mehr Aufmerksamkeit erfährt. In regelmäßigen Abständen erscheinen Artikel zu verhafteten Loverboys bzw. ihren Gerichtsprozessen. Solche Berichte können Jugendlichen die Aktualität und Realität der Gefahr vor Augen führen und somit den Weg zur Diskussion ebnen. Auch eine Fernsehreportage oder ein Buch zum Thema kann Lehrern und Eltern helfen, über das Thema mit Jugendlichen ins Gespräch zu kommen.

Eltern sollten auch wissen, in welchen Foren ihre Kinder im Internet unterwegs sind und sich dort ebenfalls anmelden, damit die Wissenslücke nicht zu groß wird. Es ist auch hilfreich, Regeln für die Nutzung solcher Foren und Apps zu setzen. Eltern können gemeinsam mit ihren Kindern über die positiven und negativen Aspekte von sozialen Medien reden und gemeinsam Nutzungsregeln vereinbaren, zum Beispiel welche Fotos gepostet oder verschickt werden dürfen. Den Kindern muss auch vergegenwärtigt werden, dass Material im Internet ein sehr langes Leben hat. Auch wenn heikle Fotos über Apps wie Snapchat verschickt und gleich gelöscht werden, besteht die Möglichkeit, dass Dritte das Bild durch Screenshots abspeichern und weiter verbreiten.

Eltern können ihre Kinder auch gegen schädliche Bindungen und Beziehungen rüsten, indem sie ihrem Kind helfen, seine Stärken zu entdecken und ein Selbstwertgefühl zu entwickeln, das nicht von der Anerkennung anderer Personen abhängig ist. Selbstbewusste Jugendliche sind weniger gefährdet durch die Zuneigung von Loverboys.

Da das Phänomen unter Schülerinnen eher unbekannt ist, ist es wichtig, dass diese vor einer eventuellen Begegnung mit einem Loverboy gewappnet sind. Das Programm „Liebe ohne Zwang“ wurde hierfür vom Netzwerk gegen Menschenhandel e.V. im Jahr 2014 fertiggestellt. Es warnt nicht nur vor Lover-

boys, sondern hilft Schülerinnen, für sich festzulegen, wo ihre Grenzen in einer Beziehung liegen, wie eine realistische, gesunde Paarbeziehung aussieht und dass ihr Wert nicht von der Achtung eines Anderen abhängt.

Falls ein Mädchen in eine Loverboy-Beziehung gerät, ist es wichtig, dass Angehörige sich an eine örtliche Fachberatungsstelle oder an die Polizei wenden. Jede Loverboy-Beziehung ist anders, und es ist immer eine individuelle Frage, wie dem Mädchen am besten geholfen werden kann. Ein Patentrezept gibt es nicht. Die Tatsache, dass das Mädchen in ihren Peiniger verliebt ist und noch auf eine Zukunft mit ihm hofft, erschwert die Situation. Auch wenn ein Mädchen ihren Loverboy verlässt, bleibt die Rückfallgefahr hoch. Deshalb ist Kontaktabbruch absolut notwendig. Manchmal müssen Familien sogar umziehen.

Der Weg weg vom Loverboy und der Prostitution ist lang und steinig, aber es ist möglich. Vor allem, wenn das Mädchen Unterstützung von Angehörigen und einer Fachberatungsstelle erfährt bzw. sich Zeit nimmt, das Geschehen in einer Therapie zu reflektieren, den Betrug zu verstehen und alles Verlorene zu betrauern, um einen Neuanfang wagen zu können.

Shannon von Scheele
Netzwerk gegen Menschenhandel e.V.

INFORMIEREN, MOTIVIEREN, AKTIVIEREN

Unterwegs mit Freethem Deutschland e.V.

Let's talk about ... Menschenhandel und Prostitution in Deutschland. Denn das ist unser Thema. Freethem in Deutschland besteht aus jungen Menschen, die in ihrem Umfeld etwas bewegen wollen.

Freethem

- ...informiert junge Menschen über die Situation von Menschenhandel, sexueller Ausbeutung und Prostitution in Deutschland.
- ...motiviert zur Diskussion mit anderen, zum kritischen Hinterfragen der eigenen Haltung und zum reflektierten Handeln.
- ... aktiviert die junge Generation. Jede Person soll motiviert werden, sich auf ihre Art, im Rahmen ihrer Kapazitäten, einzusetzen, um etwas zu verändern.

Wir glauben, dass es wichtig ist, dass Jugendliche und junge Erwachsene schon früh über Menschenhandel und Prostitution Bescheid wissen. Denn wir sind davon überzeugt, dass ihre Einstellung und ihr Handeln die Gesellschaft mit bewegen und verändern. Junge Menschen sollen sich deshalb auf ihre Weise bei Freethem einbringen.
Kreativität und neue Ideen werden deshalb bei uns groß geschrieben. So wurde beispielsweise die letzte Informationsveranstaltung in München, zu der verschiedene Sprecher und Sprecherinnen eingeladen waren, mit einem Text einer jungen Münchner Nachwuchs-Poetry-Slammerin abgerundet. Diesen

Werde Mitglied bei Freethem, und setze ein Zeichen gegen Menschenhandel und sexuelle Ausbeutung!

hatte sie speziell für die Veranstaltung geschrieben. Bei dem Event waren außerdem noch Experten und Expertinnen mit dabei, die über ihre Erfahrungen und ihr Wissen zu dem Thema berichten haben, u. a. eine Mitarbeiterin einer Beratungsstelle für Opfer von Menschenhandel (SOLWODI) und ein Mitarbeiter der Kripo München. Daraufhin haben sich einige junge, motivierte Menschen zusammengeschlossen und ein Freethem-Team in Deutschland gestartet.
Und genau diese Teams sind das Herzstück von Freethem. Sie arbeiten direkt vor Ort, prägen ihre Stadt und ihr direktes Umfeld. Freethem-Teams informieren sich gemeinsam und gegenseitig über das Thema, organisieren DVD-Abende, Partys oder auch mal einen Flashmob. Bei einer Aktion wurden zum Beispiel Armbänder mit der Aufschrift „priceless" gestaltet, Plakate mit Infos zum Thema aufgehängt und bei Kaffee und Kuchen darüber gesprochen.

Sei mit dabei – als Freethem-Friend oder in einem Freethem-Team!

Macht einen Unterschied in deiner Stadt – du und deine Freunde!

Unsere Freethem-Friends tragen den Freethem-Gedanken weiter, unterstützen einzelne Aktionen und erzählen in ihrem Umfeld von der Thematik.
Außerdem gestaltet Freethem kleine Unterrichtseinheiten an Schulen. Dort sollen Schüler und Schülerinnen altersgerecht mit in die Thematiken Menschenhandel, sexuelle Ausbeutung und Prostitution hineingenommen werden. Hier lernen sie nicht nur wichtige Fakten über das Thema, sondern sie sollen gleichzeitig sprachfähig werden, um Gleichaltrigen das Gelernte weiterzugeben.

Mit unseren Merchandise-Artikeln kann Freethem mit in den Alltag genommen werden. Taschen, Caps, Armbänder und Sticker bereichern nicht nur das eigene Outfit, sondern sind auch ein einfacher Einstieg, um mit anderen ins Gespräch über Menschenhandel und Prostitution zu kommen.
Freethem in Deutschland ist Teil der internationalen Jugendbewegung „Freethem". Die Organisation hat keine religiöse oder politische Zugehörigkeit und existiert neben Deutschland noch in Schweden, Norwegen und Österreich.

www.freethem.de

Ob bei Schulungen, Aktionen oder durch Merchandise-Artikel – Freethem gibt dir verschiedene Möglichkeiten, dich einzubringen und ein Statement zu setzen.

WAS DU GEGEN MENSCHEN-HANDEL TUN KANNST!

INFORMIERE DICH UND ANDERE

* GEMEINSAM GEGEN MENSCHENHANDEL e.V.
* Bundesweiter Koordinierungskreis gegen Menschenhandel e.V. (KOK)
* Bundeskriminalamt: www.bka.de (Bundeslagebild Menschenhandel)
* International Labour Organization
* United Nations Office on Drugs and Crime
* European Commission – Together Against Trafficking in Human Beings

INFORMIERE DEINE/N LANDTAGS- UND BUNDESTAGS-ABGEORDNETE/N

Auf der Website von GEMEINSAM GEGEN MENSCHENHANDEL findest du einen Beispiel-Brief dazu.

HALTE DIE AUGEN OFFEN UND MELDE VERDÄCHTIGES VERHALTEN DER POLIZEI.

Notrufnummer 110 – Außerdem gibt es das bundesweite Hilfetelefon „Gewalt gegen Frauen" (www.hilfetelefon.de), das rund um die Uhr unter der Nummer 08000/116 016 erreichbar ist.

UNTERSTÜTZE OPFERSCHUTZ-ORGANISATIONEN

Deine Spende sorgt dafür, dass noch mehr Menschen geholfen werden kann.

KAUFE FAIRTRADE-PRODUKTE

Denn dadurch erhalten die Arbeiter einen fairen Lohn. Kinder-

und Sklavenarbeit darf nicht stattfinden, die Zustände auf den Farmen werden regelmäßig überprüft.

REDUZIERE DIE ANZAHL „DEINER SKLAVEN"

Wie viele Sklaven arbeiten für dich, ohne, dass du es weißt? Diese Online-Befragung hilft dir, es herauszufinden: www.slaveryfootprint.org.

KAUFE PRODUKTE VON FIRMEN, DIE ÜBERLEBENDE/ GEFÄHRDETE BESCHÄFTIGEN

www.freesetglobal.com
www.lillypark.com
www.glimpse-clothing.com

REDE ÜBER DEN ZUSAMMENHANG ZWISCHEN PORNOGRAFIE UND PROSTITUTION/ MENSCHENHANDEL

Unterstütze Initiativen, die Pornografie kritisch sehen.

BUCHE REISEN BEI VERANTWORTLICHEN FIRMEN

Buche nur bei Firmen, die den Verhaltenskodex zum Schutz von Kindern vor sexueller Ausbeutung im Tourismus unterzeichnet haben: www.thecode.org

BETE

Beten kann wirklich jeder, dem Glauben wichtig ist. Suche dir eine Gebetsgruppe oder organisiere einen Gebetsabend. Einen „Gebetsleitfaden für Opfer von Sexhandel" gibt es unter: http://netzwerkgm.de/media/download_gallery/Gebetsleitfaden_Heilsarmee.pdf

Gemeinsam gegen Menschenhandel e.V.

Mit einer Spende können Sie „Gemeinsam gegen Menschenhandel" im Kampf gegen Zwangsprostitution unterstützen. Weitere Informationen finden Sie unter: www.gemeinsam-gegen-menschenhandel.de.

Bankverbindung von
Gemeinsam gegen Menschenhandel

Evangelische Kreditgenossenschaft eG
BLZ: 520 604 10
Konto: 5305144

BIC: GENODEF1EK1
IBAN: DE80520604100005305144